A Concise
History of Modern Europe

现代欧洲
200年

[美] 大卫·S.梅森（David S.Mason） 著

贺丹 译

中国友谊出版公司

图书在版编目（CIP）数据

现代欧洲 200 年 /（美）大卫·S. 梅森著；贺丹译
. -- 北京：中国友谊出版公司，2022.5

ISBN 978-7-5057-5459-1

Ⅰ . ①现… Ⅱ . ①大… ②贺… Ⅲ . ①欧洲－历史
Ⅳ . ① K500

中国版本图书馆 CIP 数据核字 (2022) 第 070234 号

著作权合同登记号　图字：01-2021-7080

书名	**现代欧洲 200 年**
作者	[美] 大卫·S. 梅森
译者	贺　丹
出版	中国友谊出版公司
发行	中国友谊出版公司
经销	新华书店
印刷	河北鹏润印刷有限公司
规格	880×1230 毫米　32 开
	8.5 印张　179 千字
版次	2022 年 5 月第 1 版
印次	2022 年 5 月第 1 次印刷
书号	ISBN 978-7-5057-5459-1
定价	58.00 元
地址	北京市朝阳区西坝河南里 17 号楼
邮编	100028
电话	（010）64678009

谨以此书献给那些意欲通过了解过去

从而创建更美好未来的人

目　录

附　文

序言与致谢

我试着让这本书生动有趣、通俗易懂，并在不向读者大量灌输细节的前提下，为读者呈现欧洲现代历史的基本轮廓。本书主要面向对该主题背景知之甚少的大学本科生。我所任教的大学针对全校学生开设了一门必修课，该课程聚焦于在世界历史的关键节点上，传统与变革之间的矛盾与对立，其中就包括法国大革命以后的欧洲，而这门课程需要对欧洲历史做简要介绍，由此，此书便应运而生。

本书的焦点以及内容编排原则将围绕影响欧洲社会的主要变革及革命时期。其中包括一系列的政治革命，如1789年、1917年的政治革命，也包括经济、思想以及科技革命与战争。本书的叙述涉及历史中的诸多跨学科维度，如文化、社会、思想、政治以及经济。总体而言，这些变革通过其所有的表现形式，给欧洲带来了自由、平等以及团结，也给欧洲带来了和平与繁荣。欧洲的历史发展轨迹引人入胜、颇具启发，所取得的成就令人惊叹、不可思议。

撰写本书最大的挑战在于对一个大区域在一个充满变革的时代中所发生的所有历史事件进行整合浓缩。而在欧洲，可供大众读者认识了解的简短历史介绍少之又少，这也印证了这种挑战。

本书第一版的一位读者称赞本书"简洁明了、观点独特、颇具价值"，因此，出版社与我尽力在随后的几版中保持这些优点。我相信本书依旧是描述现代欧洲最精练、最具性价比的图书，也是为数不多由一名作者独立撰写的著作。当然，这势必会涉及一些不得已而为之的情况，因此，在这样一本只覆盖了欧洲大部分标准史一半长度的书中，不可避免地会有一些省略以及过度简化的处理。就此，我希望这种不得已的处理方式不会冒犯一些业余历史爱好者或专业史学家。

许多人为本书的概念成形、修改以及编辑付出了巨大的努力，他们当中，有很多人来自巴特勒大学核心课程项目。阿伦·阿吉教授（Aron Aji）、布鲁斯·比格罗教授（Bruce Bigelow）以及鲍尔·瓦莱尔教授（Paul Valliere）为我撰写本书给予了鼓励。此外，罗曼和利特尔菲尔德出版集团的资深编辑苏珊·麦凯克伦（Susan McEachern）在本书前后三版的撰写过程中都给予了多方面的鼓励与支持。我的诸多朋友与同事也就本书特定或多个章节给予了相应的反馈与建议，本书的第一版与第二版已对他们分别予以致谢。对于本书的最新版本，我想感谢鲍尔·瓦莱尔教授、布鲁斯·比格罗教授、鲍尔·汉森（Paul Hanson），尤其是我的妻子莎伦（Sharon）。该出版社的四名外部读者（匿名）也为新版的撰写表达了支持，并提供了建议。该出版社的编辑助理弗兰纳里·斯科特（Flannery Scott）以其专业的态度指导我完成了整个修改工作。在此，我要对上述所有热心人士致以深深的谢意。

给学生的寄语

对于像本书如此简短的文字，主要的优点在于能够让学生获取诸如文档、演讲以及文字记载等重要原始资料。我常常在本书中引用这些重要原始资料，您可以在近现代史资料库（Internet Modern History Sourcebook）以及本书最后"补充阅读推荐"所提及的其他资料库与网址中查阅这些原始资料。

引　言
变革中的欧洲

　　本书第一版的叙述时间线始于 1789 年，终于 1989 年，时间跨度正好是 200 年。第三版中，尽管上述两个年份仍是本书的关键时间点，但该版在此基础上将叙述时间轴延伸了 25 年。然而与历史上所有的日期与时间段不同，1789 年与 1989 年欧洲历史上所发生的重大事件，使这两年成为欧洲大陆历史上最重要的年份。第一件是法国大革命（French Revolution），该历史性事件推翻了法国的君主制（即使只是暂时推翻），建立了启蒙运动（Enlightenment）中所倡导的政治体制，并激发了整个欧洲的民族主义、革命与民主情绪。第二件大事是 1989 年的欧洲巨变，使"二战"结束后在国际关系（以及在东西方人民生活）中占据主导地位的美苏冷战也随之结束，欧洲东西部的分裂以及其他分化也随之终止，欧洲人民开始寻求统一与一体化。因此，直至 2013 年，欧盟成员国由 15 个拓展成 28 个。法国大革命后，拿破仑一直企图以武力达成的目标（依据"自由、平等与友爱"的革命原则实现欧洲统一），于随后的两个世纪内，通过大规模和平示威与全球经济一体化的方式得以实现。

　　诚然，1789 年至 1989 年，欧洲也经历着诸多变革，其中一些变革比 1789 年法国大革命更具颠覆性。另一场影响深远的革命发生在 1917 年的俄国，将一支推崇共产主义意识形态的政党推上了政治舞台，50 年间，诸多国家政府纷纷采用该意识形态，这些国家的人口占到了整个地球的一半。20 世纪，在欧洲大陆上爆发的两次世界大战使得数千万欧洲人民丧生，其中包括战士和普通老百姓。

同时，欧洲在这两个世纪中也发生了诸多积极的变化，并迸发了创意的火花。机械纺车、蒸汽发动机、组装流水线的发明推动了工业革命，对人们生活的方方面面带来了巨大的影响，也从农村到城市为整个欧洲社会带来了翻天覆地的变化。亚当·斯密（Adam Smith）所提倡的自由企业制度推动了资本主义的发展。然而，过度自由的资本主义也存在诸多弊端与失控的情况，因此，卡尔·马克思（Karl Marx）在《共产党宣言》（*The Communist Manifesto*）中提出了一套政治及经济生活的组织方式。查尔斯·达尔文（Charles Darwin）质疑人类创造的传统宗教理念，提出了进化论，彻底颠覆了生物与科学领域。与此同时，在这一动乱时期中，欧洲诞生了一批人类历史上最杰出的作家、音乐家、艺术家，在此，将他们一一列举显得不切实际也不严谨，但我想列出一些众所周知（以及我本人很喜欢）的名人，他们分别是：托尔斯泰（Tolstoy）、狄更斯（Dickens）、歌德（Goethe）以及福楼拜（Flaubert）、贝多芬（Beethoven）、莫扎特（Mozart）、柴可夫斯基（Tchaikovsky）以及甲壳虫乐队（the Beatles）、雷诺阿（Renoir）、梵高（Van Gogh）、马蒂斯（Matisse）以及毕加索（Picasso）。

这些艺术家（诸如文艺复兴运动以及革命的哲学家）深刻地

影响了如今欧洲乃至全世界的文化。在某些方面，欧洲文化通过不同的方式（比如移民）对世界其他地方产生了一种良性影响。1840年至1940年，6000多万人口从欧洲移民至世界其他地区，绝大多数人都移民至美国，他们带去了他们本国的价值观、文化以及习俗。同时，随着欧洲帝国主义于19世纪后期到达顶峰，欧洲影响的传播方式很少情况下是友好的，相反，大部分情况下都以武力为主。18世纪与19世纪，英国、西班牙、法国、德国、荷兰、葡萄牙以及其他欧洲国家相继在世界范围内建立了自己的殖民地。1870年至1912年，这一进程以迅雷不及掩耳之势推进，其中伴随着各国列强对殖民地的争夺，随后也被称为列强对非洲的瓜分狂潮（Scramble for Africa）。当时，几乎整个非洲大陆都被纳入了欧洲列强的殖民地范围。直到1912年，只有利比里亚与埃塞俄比亚为非洲大陆上仅存的两个独立国家。

直到20世纪60年代，这些殖民地才重新获得独立。这段殖民时期也让欧洲文化扎根于这些殖民区域，比如语言（例如，法语如今还是非洲大陆上20个国家的官方语言）。亚洲、非洲以及世界其他地方的民族独立运动中，往往伴随着对欧洲价值观的反对，甚至殖民地居民对掠夺他们的欧洲人也有着强烈的敌意。即便如此，一些取得民族独立的国家通常会借鉴欧洲的政治经济模式。当时这些地区盛行的两种截然不同的意识形态（自由民主与社会主义）均源自欧洲。

假如让一位没有该历史背景的观察者审视如今的欧洲以及1789年的欧洲，他也许会认为这两大意识形态一直都处于稳定发展中，且认为这两大意识形态中融合了法国的革命思想与欧洲启蒙运动的思潮。例如，欧盟新宪法草案参考了欧盟对于"启蒙运动思潮"的辩论。的确，欧洲大陆从一群以专制君主制、社会等级森严、封建农业为主，且经常伴随地方局部战乱的国家组群转变为一个由众多成员国组成的欧洲联盟雏形，这方面的进步是令人惊叹的。这些成员国都致力于民主、人权、福利资本主义、商品与人员自由流动以及和平交流。

然而，向启蒙运动思潮推进的进程中，欧洲大陆各国的步伐各不一样，也并非一帆风顺。自由与平等、自由与秩序、个人需求与社区需求乃至最终变革与守旧一直以来都具有冲突性。尽管法国大革命颠覆了旧秩序以及旧体制，随之而来的混沌、动乱与暴力也让许多人，尤其是欧洲君主与贵族惴惴不安。后来的历史使法国的君主制得以复辟，欧洲各国的君主也建立了神圣同盟（Holy Alliance），以维护君主制、教会与他们所享受的神圣权力。1917年俄国十月革命（The Russian Revolution of 1917）彻底颠覆了俄国社会，提出了物质富足、社会公平、平等以及工人团结的马克思主义承诺，该承诺在俄国乃至全世界广泛流传。共产主义的胜利令资本主义世界感到胆战心惊，也使得欧洲开始分裂，温斯顿·丘吉尔（Winston Churchill）称之为"铁幕"（"iron curtain"），在往后长达数代人的时间内，这场分裂阻碍了欧洲的发展与区域一体化进程。20世纪20年代，经济动荡与萧条让德国与意大利人民十分恐惧，因此，他们愿意接受具有领导者魅力却擅于蛊惑人心的希特勒（Hitler）与墨索里尼（Mussolini）。这两位领导人向民众承诺恢复秩序，重建繁荣。但在该过程中，引发了世界大战，仅在欧洲就致使约 5000 万人丧生。

20 世纪末，欧洲已经实现了 18 世纪哲学家与革命家所设定的诸多目标，但在整个过程中，欧洲走了很多弯路，也遭受了许多苦难与悲痛。本书对从启蒙运动到欧盟建立这一曲折发展道路进行了阐述，也对从君主专制时代与君权神授向欧洲统一解放的民主、进步与人权思想的演变做了详细介绍。在追溯上述发展轨迹中，我们将讨论其中的主要问题，以及它们如何影响整个欧洲大陆。

值得一提的是，对于欧洲的定义，其本身就是一个地理学家、史学家以及政治领导人们长期争辩的主题，极具争议。由于欧洲是一个面积庞大的半岛，由欧亚大陆一路延伸至大西洋，因此，目前并没有一个明确的边界将欧洲与亚洲隔开。然而，19 世纪早期以来，地理学家将位于俄罗斯的乌拉尔山（Ural Mountain）定义为欧洲的东部边界，该山脉位于莫斯科以东 800 英里①的位置。由于俄罗斯本身也向东延伸数千英里，并跨过了乌拉尔山，这就引发了一个长期争论不休的问题，即俄罗斯是否属于欧洲。这其中涉及的问题既有政治与文化方面，也有地理方面。正如历史学家诺曼·戴维斯（Norman Davies）所说："纵观整个欧洲现代史，俄国风气正统、政权专制、经济落后，却又不断拓展其边疆国土面积，这样一个俄国显得与整个欧洲格格不入。"然而，俄国大多数领袖，从农奴制社会的沙皇到如今的当权者，都将俄国视为欧洲的一部

---

① 1 英里 =1609.344 米。

分，该国在政治以及文化上，都对欧洲的发展有着举足轻重的作用。因此，笔者将俄国也纳入了这本欧洲现代史图书的论述中。

"欧洲"除了是一个纯粹描述性术语外，还是一种视角，甚至是一种乌托邦的代名词。早在 18 世纪，作家与哲学家就指出欧洲文化（尤其是基督教文化）的共同基础，并预言未来可能会出现一个范围更广的欧洲共同体。然而，直到近一个世纪，这才看似可能。"二战"结束后，被誉为"欧洲之父"以及欧盟（the EU）理念来源者的让·莫内（Jean Monnet）承认道："欧洲其实并未真正存在……必须有人来真正创建一个欧洲。"然而，冷战爆发，将欧洲分割为东欧与西欧，延缓了欧洲一体化的进程。

在如此一本篇幅有限的图书中，我们无法涵盖欧洲每一个国家的历史。我们将关注重大历史转折点上的一些特定国家。例如，1789 年的法国、工业革命时期的英国、1917 年的俄国、"二战"期间的德国以及处在历史关键点的波兰。我们首先将关注 18 世纪的法国，那时正爆发着人类现代史上第一次伟大革命，由此开启我们的欧洲现代史旅程。

欧洲历史大事年表

1643—1715	路易十四（太阳王）在法国的统治
1688	英国光荣革命推翻君主专制，并建立君主立宪
1690	约翰·洛克的第二部《政府论·下篇》
1711	纽科门发明了早期版本的蒸汽机
1740—1789	启蒙运动鼎盛时期
1762—1796	凯瑟琳二世（凯瑟琳大帝）在俄国的统治
1769	詹姆斯·瓦特发明了现代蒸汽机
1774—1792	路易十六在法国的统治
1776	美国《独立宣言》
1776	亚当·斯密出版《国富论》
1776—1783	美国独立战争
1787	《美国宪法》制定
1789	经济危机迫使路易十六召开三级会议
1789	法国大革命爆发，巴士底狱沦陷，《人权和公民权宣言》
1792	法兰西第一共和国成立
1793	路易十六问斩
1793—1794	法国恐怖统治
1795—1799	法国五人督政府

1799	拿破仑·波拿巴夺取法国政权
1804	拿破仑加冕为法国皇帝，自称为拿破仑一世
1812	拿破仑入侵俄国
1814—1830	复辟，法国波旁王朝
1814—1815	维也纳会议召开
1815	惠灵顿公爵在滑铁卢击溃拿破仑
1825	英国第一条铁路竣工
1825	俄国十二月党人起义
1830	法国革命推翻查理十世，并建立七月王朝，由路易·菲力普统治，直到1848年才结束
1830	比利时、波兰等地革命爆发
1830	朱塞佩·马志尼成立青年意大利党
1832	英国通过第一部改革法案，扩大投票权覆盖率
1833	英国奴隶制废除
1837—1901	英国维多利亚女王统治
1838	英国通过《人民宪章》，主张广泛投票权；宪章运动
1848	法国、奥地利、普鲁士、匈牙利与意大利爆发人民之春革命，这些革命于1849年被镇压
1848	马克思与恩格斯出版《共产党宣言》
1848—1916	奥地利弗兰西斯·约瑟夫大公的统治
1853—1856	克里米亚战争
1855—1881	亚历山大二世（沙皇解放者）在俄国的统治
1859	查尔斯·达尔文出版《物种起源》
1859	加富尔向奥地利宣战，为意大利夺取疆土
1859—1870	维克托·埃曼纽尔二世与加富尔领导下的意大利民族统一运动

1861	沙皇亚历山大二世解放俄国农奴
1864—1871	俾斯麦向丹麦、奥地利与法国宣战，以统一德国
1867	奥匈帝国建立二元制君主制
1869	苏伊士运河竣工
19 世纪 70 年代	俄国民粹主义与虚无主义运动
1870—1871	普法战争爆发
1870—1940	法兰西第三共和国建立
1871—1918	德意志帝国建立
1878	塞尔维亚脱离奥斯曼帝国统治，最终实现独立
19 世纪 80 年代	欧洲社会主义政党成立
1883—1893	法国对中南半岛（印度支那）的殖民统治
1884—1885	柏林会议召开，商讨瓜分非洲大陆
1885—1900	非洲瓜分浪潮，欧洲殖民者加紧殖民统治
1888—1918	威廉二世在德国的统治
1894—1917	沙皇尼古拉斯二世在俄国的统治
1898	美西战争，美国对波多黎各、关岛以及菲律宾进行殖民统治
1898	俄国马克思社会民主工党成立，随后分裂为布尔什维克党与孟什维克党
1900	西格蒙德·弗洛伊德出版《梦的解析》
1904—1905	日俄战争
1905	俄国血腥星期日与革命
1905	阿尔伯特·爱因斯坦出版《相对论》
1914	奥地利弗兰茨·斐迪南大公在萨拉热窝遇刺
1914—1918	第一次世界大战
1917	美国参战

1917	俄国革命推翻沙皇统治，布尔什维克党（共产党）掌权
1918	德国投降，第一次世界大战结束
1918	德国、奥匈帝国与奥斯曼帝国解体
1918	英国规定女性拥有有限的选举权
1919	《凡尔赛条约》签订
1919—1933	德国魏玛共和国成立
1922	苏维埃社会主义共和国联盟成立
1922	贝尼托·墨索里尼于意大利执政
1922—1943	墨索里尼对意大利的法西斯统治
1924	弗拉基米尔·列宁去世，约瑟夫·斯大林随即成为苏维埃共产党领袖
1928	斯大林在苏联推行以计划工业化为特色的五年计划
1928	英国女性享有全面的选举权
1929	美国股市崩溃，引发20世纪30年代的经济大萧条
1933	阿道夫·希特勒出任德国总理
1933—1945	希特勒对德国的纳粹统治
1936	约翰·梅纳德·凯恩斯出版《就业、利息和货币通论》
1936—1939	西班牙内战
1937	罗马－柏林－东京轴心国成立，希特勒与意大利和日本签订协议
1938	慕尼黑会议上允许希特勒占领苏台德地区
1938	德国吞并奥地利
1939	《苏德互不侵犯条约》签订
1939	德国入侵波兰，随后英国对德国宣战
1939—1945	第二次世界大战

1940	德国入侵挪威、丹麦、荷兰、比利时与法国
1940	温斯顿·丘吉尔出任英国首相，不列颠之战爆发
1941	德国入侵苏联
1941	日本空袭珍珠港，美国参战
1942—1943	斯大林格勒战役爆发，苏联全面反攻德国
1943	同盟国登陆意大利，墨索里尼垮台
1944	同盟国从诺曼底登陆，进入欧洲大陆
1945	同盟国领导人召开雅尔塔与波茨坦会议
1945	希特勒自杀，德国投降
1945	美国向广岛与长崎投掷原子弹，日本投降
1945	联合国成立，由 51 个成员国组成
1945—1948	苏联在东欧建立共产主义政体
1947	美国针对欧洲推行杜鲁门主义与马歇尔计划
1948—1949	柏林封锁与柏林空投
1949	德意志联邦共和国（西德）与德意志民主共和国（东德）成立
1949	北大西洋公约组织成立
1950—1953	朝鲜战争
1951	欧洲煤钢共同体成立
1953	斯大林在苏联去世
1954	法国退出中南半岛，越南分裂为北越与南越
1955	西德加入北大西洋公约组织，华沙条约组织成立
1957	苏联发射第一颗人造卫星，名为 Sputnik
1957	黄金海岸（加纳）从英国殖民者手中获得独立
1957	《罗马条约》签订，同意成立欧洲经济共同体
1958	法兰西第五共和国成立，夏尔·戴高乐出任总统

1961	柏林墙建立
1961—1975	美国卷入越南战争
1962	美苏古巴导弹危机
1964—1982	列昂尼德·勃列日涅夫出任苏联领导人
1967	欧洲煤钢共同体、欧洲经济共同体与欧洲原子能共同体合并为欧洲共同体（欧共体）
20 世纪 70 年代	东西方缓和，美苏关系改善，军备控制协议签订
1973	英国、丹麦与爱尔兰加入欧共体，欧共体那时由 9 个成员国组成
1974	葡萄牙革命推翻专制制度
1975	弗朗西斯科·佛朗哥在西班牙去世，随后君主立宪制政体成立
1975	非洲最后一个欧洲帝国（葡萄牙）终结
1975	赫尔辛基会议召开，讨论欧洲安全与合作
1978	波兰主教查尔斯·沃吉蒂拉更名为教皇约翰·保罗二世
1979	苏联入侵阿富汗，东西方关系再度被激化
1982	苏联领导人勃列日涅夫去世
1985	米哈伊尔·戈尔巴乔夫出任苏联领导人
1989	匈牙利向奥地利开放边境，柏林墙倒塌
1990	德国再次统一
1991	克罗地亚、斯洛文尼亚、波斯尼亚宣布从南斯拉夫独立
1991	苏联解体，华沙条约组织解体
1992—1995	波斯尼亚内战结束，并于 1995 年签订《代顿和平协定》
1993	捷克斯洛伐克分裂为捷克共和国与斯洛伐克
1993	欧洲联盟诞生
2002	欧元诞生，成为欧盟官方统一货币

2004—2013	13 个新成员国加入欧盟
2006	黑山共和国与塞尔维亚宣布独立，南斯拉夫解体
2009—2012	希腊与其他国家的债务危机促使欧盟推出大规模的纾困计划

第一章
旧制度与启蒙运动

　　法国大革命爆发的 1789 年标志着欧洲革命巨变新纪元的开端，以及至少在法国的专制君主制（monarchy）旧制度（old regime）的终结。然而，法国旧秩序的推翻影响深远，并不仅限于法国境内，其中有诸多原因。18 世纪，法国是欧洲大陆上最强大、人口最多的国家，同时也是最富强的国家之一。法国文化也被整个欧洲的上层阶级纷纷膜拜与效仿。法语也是包括俄国在内的欧洲大陆贵族与皇室的专用语言。法国国王路易十四（King Louis XIV，又称"太阳王"）于 17 世纪在凡尔赛建造的宫殿象征着君主专制（absolute monarchy）的高贵、财富以及权力，随后，其他国家的君主也纷纷效仿凡尔赛宫打造自己的宫殿。由于法国君主制影响整个欧洲大陆，它于 1789 年被推翻后，其影响也波及了整个欧洲。因此，了解法国旧制度的性质以及导致该制度被推翻的因素尤为重要。

法国的旧制度

　　18 世纪的欧洲，几乎遍地都是专制君主制以及君主制国家，这些国家由国王或女王统治，他们通过世袭上位，随后也会把王位传给他们的长子或长女。这些君主知道没有什么可以限制他们的权力，并宣称自己是上帝在地球上的代理人，并基于君权神授（divine right）的原则对自己的国家进行统治。英国与这种统治模式稍有不同。1688 年光荣革命结束了议会与斯图亚特王朝的长期纠葛，由此，专制君主制被君主立宪制（constitutional monarchy）所取代，依据该政体，法律限制了君主的权力[1]。17 世纪与 18 世纪的大部分时间内，欧洲其他大部分地区权力强大的君主不断打破封建地主的权力，将权力集中，并创造统一以及更加现代化的国家（states），通过该过程，欧洲君主的权力得以不断膨胀。

在法国，国王路易十四在大部分任期内都专注强化君主的权力，以及将政治权力集中在巴黎，或者更加精确地说，是将政治权力集中在他那位于凡尔赛的富丽堂皇的宫殿内，该宫殿位于巴黎以南 10 英里的地方。凡尔赛宫旨在彰显路易十四的伟大，并且推进路易十四的中央集权政策。过往，法国的国王及其皇室成员经常在法国境内出巡，巡视各个皇家领地以及达官贵族位于各省的府邸。而路易十四以凡尔赛宫为中心对法国进行集中统治，因此那些希望得到皇家恩惠的贵族就不得不常年住在凡尔赛宫。自此，凡尔赛宫成了国王权力以及法国本身的象征。它也影响了其他欧洲君主：俄国沙皇彼得大帝以及普鲁士国王腓特烈大帝纷纷参照凡尔赛宫建立自己的宫殿。

法国的"旧制度"（old regime 或者 ancien régime）这一术语由 1789 年的革命支持者所提出。该制度曾基于死板的社会等级而建立，依据该制度，一个人在社会中所处的地位很大程度上是由其出身决定，而非他的辛勤劳作或才能。社会的组织架构参考大链条理论，该理念自中世纪时期就广为流传，依据该理论，整个世界的组织以及划分方式都是依照等级，从链条顶端的上帝和天使，到底端诸如石头等无生命物，而人类则位于该链条的中间位置。人类链条的顶端则是君王，是上帝治理世人的神圣代表，路易十五（Louis XV，1715—1774 年在位）曾在 1766 年公然宣称："主权的权力都寄予我一人之身……我的政策，之所以得以存在并发挥效力，均因为我而已……立法权均属于我一人，无所依赖，也不得分享……所有的公共秩序均因我而产生。"[2] 路易十五的曾祖父——太阳王（the Sun King）则表达得更为简单直白："朕即国家。"

君王之下，整个法国社会则分为三层阶级或身份，每一层阶级或身份都有着其特定的社会责任，并严格遵守等级制度。第一层身份是教会神职人员。他们为百姓提供精神安慰，被视为最接近上帝的群体，因此享有较高的社会地位，然而，他们只占全社会人口的不足 1%。

第二层身份是贵族。他们为君王提供军事支持，占总人口的1%~2%。其实，贵族是一个差异分化巨大的社会群体。最富裕以及最具权势的贵族屈指可数，仅有 100 多个家族而已，他们被称为"大贵族"（Les Grands）。他们坐拥偌大的庄园、体面的酒庄城堡，并作为国家官员与地方法官，拥有巨大的政治影响力。而地方贵族则占贵族比重更多，且地位稍微逊色。这类贵族也称为二等贵族（seigneurs）。他们拥有自己的庄园，并雇用许多农民，依据不同的安排分工，在其庄园田地上工作。还有一些贵族，他们的财产不多，却还要摆排场，只是空有一个"贵族"的头衔罢了。

第三层身份则是剩下 97% 的普罗大众。他们负责生产产品，提供服务。与欧洲同期其他国家一样，法国那时也是一个以农业为主的社会；农民占到社会总人口的 85%，因此，绝大部分民众都属于第三层身份。与其他欧洲国家相比，法国农民较为富裕。即便如此，只有不到 40% 的农民拥有自己的土地。大多数法国农民从地主手上租赁农田，有的作为佃农，有的则将庄稼的部分收成作为租金交付于地主。

因此，旧时经济主要以农业为主，一般都是自给型农业，农民的收成只够他们自己糊口罢了；任何额外的收成，都得用于交付地租、什一税、贵族费（seigneurial dues，交付于庄园地主的费用）以及其他税费。18 世纪晚期，法国还没有统一的国家货币，或统一的称重衡量系统，也没有出现全国统一市场。尽管那时已有非常通达的皇家公路，乘四轮马车从巴黎到马赛，仍需要花上至少五天的时间（如今也就大概八小时车程）。

除上述传统农业外，17 世纪以及 18 世纪，由于皇室政策支持，法国的商贸也在不断发展。17 世纪起，重商主义理论（mercantilist theory）成为经济政策的指导思想，该理论主张巩固国家财富的最佳方式就是不断积累金银等珍贵金属。对于像法国这样没有这些金属储备的国家而言，则不得不依赖对外贸易获取。君主鼓励发展制造业，为国际市场提供商品。法国因生产诸如丝绸、绸缎、蕾丝织物、香水以及织锦等奢侈品而闻名于世。制造业与商贸的发展催生了一个新的社会阶级，即资产阶级（bourgeoisie），也称中产阶级，另外还使小本商人和小商店店主得以壮大，他们被称为小资产阶级（petite bourgeois）。18 世纪末，重视贵重金属与政府监管的重商主义理论（mercantilism），逐渐受到亚当·斯密自由市场经济理论（见下文）与资产阶级本身的挑战。

法国旧制度主要由罗马天主教占统治地位，天主教作为一种宗教信仰以及制度，在法国发挥着重要作用。宗教渗透进人民日常生活的方方面面。宗教仪式与庆典在法国大部分的城镇乡村中，都是最重要的活动。学校的老师由牧师担任，而那些失业群体则依赖教会获取慈善救济。同时，作为一个具有政治权力的机构，教会与君主紧密相关。作为上帝钦点的君王，法国国王通常在兰斯（Reims）的教堂中加冕，此外，教会中所有主教以及教会官员均由国王任命。教会拥有庞大的资产，包括法国 10% 的土地。而由这些资产所产生的收入也相当庞大，有时候甚至是皇家政府年收入的一半。

上文所描述的法国国家社会结构与 18 世纪其他欧洲国家的国家社会结构相似。自称拥有神圣权力的基督教君主统治着所有主要强国（最重要以及最强大的国家包括：法国、奥地利、俄国、普鲁士以及英格兰），这些强国都是封建或半封建的国家，拥有重商的经济制度，以及固化的社会等级结构。欧洲各国首都的皇室家族通过共同的宗教文化纽带以及血亲关系而联系在一起，致力维护旧秩序以及它们的地位。17 世纪中期以来，欧洲各国君主有意推行一套力量平衡政策，在该政策体系中，国际联盟阵营不断变化，防止其中任何一国变得过于强大。各国之间发动战争的目的不再是意识形态（ideology）差异或民族主义（nationalism），而是维持各国间的力量平衡；由此，这些冲突相对而言得到了抑制。战胜国也不愿将战败国赶尽杀绝，否则将打破现有的力量平衡；而战败国未来也是战胜国潜在的盟友。

18 世纪末 19 世纪初，这一国内国际体系先后遭到了启蒙思潮（Enlightenment）、 1789 年法国大革命以及工业革命和新兴中产阶级的冲击与挑战。19 世纪初，君主制、基督教、教会、社会等级以及重商主义均处于被推翻的边缘。1815 年，旧秩序得以重建，但也不过是昙花一现罢了。

启蒙主义

法国以及欧洲其他国家的旧制度不仅受到自身国内矛盾与紧张局势的威胁，同时也受到新思潮的冲击。启蒙主义起源于 17 世纪与 18 世纪，它既是一场文化运动，也代表着一系列新思想；它强调人类思维对于个人解放以及社会改善的力量，因此这一时期也被称为理性时代（the Age of Reason）。启蒙哲学家们认为，一切知识归根到底都来源于经验、实验与观察。他们鼓励人们运用自己的逻辑推理能力，摆脱固有的偏见，以及教会与国家无理的权威与压迫，从而实现个人的思想解放。1784 年，德国哲学家伊曼努尔·康德（Immanuel Kant）在著作中写道，启蒙就是"人类摆脱自我招致的不成熟"。他还认为："不成熟指的是人们在缺乏别人引导时，无法运用自己的理智，无法进行独立判断。"由此，康德认为，启蒙主义的口号便是"敢于认知！（Sapere aude！）敢于运用自己的理智进行独立判断"。[3] 法国启蒙主义哲学家伏尔泰

（Voltaire）在其著作中也提出了相似的观点，他说道："无论是怎样有益的书，其价值的一半是由读者创造；他们将作者撒下的思想种子发扬光大。"对于旧制度，尤其是教会与国家的权威而言，对理智、科学与独立判断的号召是一股巨大的冲击。

从某种层面而言，启蒙主义的原则是 16 世纪与 17 世纪科学革命发现及理论的延续。那时，科学观察与实验冲击威胁着教会的世界观与权威。16 世纪，波兰天文学家尼古拉·哥白尼（Nicolaus Copernicus）提出了一套宇宙理论，否定了地心说，而提出了日心说。17 世纪，意大利人伽利略·伽利雷（Galileo Galilei）制作了一架天文望远镜，并透过望远镜，证实了哥白尼的日心说理论，教会对其异己之见充满质疑。1687 年，英国哲学家与数学家艾萨克·牛顿（Isaac Newton）在其著作《自然哲学的数学原理》（*Mathemtical Principles of Natural Philosophy*）中提出了万有引力与运动定理；他将宇宙描绘成一台大型机器，并认为大自然受一系列理性恒定的法则所支配。法国地质学家发现了化石，推翻了《圣经旧约》中所提到的人类时间轴。上述学者通过观察与实验，所得出的结论推翻了那个时代的既定认知。

启蒙主义哲学家将科学革命所提倡的方法用于研究社会与政府，而非物质世界，他们认为自然法则支配人类行为与体制，正如它们支配着宇宙一般。作为启蒙主义运动的先驱，英国人约翰·洛克（John Locke，1632—1704）首先提到，理性与知识源于经验。洛克认为，人性本善（与《圣经》中所倡导的原罪教义相反），人的性格是其所处环境、成长经历以及所受教育的综合产物。因此，通过改变社会与环境，以及提供教育，可以营造一个更美好的社会。在《政府论·下篇》中，洛克提出，人对生命、自由以及财产拥有与生俱来且不可剥夺的权利。他还写道，政治社区（如政府）通过人民的统一意愿而组建，这表明在君权神授盛行的年代，人民与政府之间的契约关系在默默萌芽扩散。洛克的理念，甚至是他的言辞，对于大西洋对岸其他启蒙运动时期的政治思想家产生了巨大的影响力，包括托马斯·杰斐逊。这些思想随后也被写进了美国的《独立宣言》（*The Declaration of Independence*）以及法国的《人权和公民权宣言》（*Declaration of the Rights of Man and of the Citizen*）。

尽管启蒙运动是一次在欧洲范围内所爆发的文化运动，但该运动主要的推动者还是法国的作家、思想家以及哲学家，他们被称为启蒙哲学家（philosophes）。查理·路易·孟德斯鸠（Baron de Montesquieu，1689—1755）极力批判专制主义政府，并讽刺路易十四的统治，以及精英社会与教会（甚至称教皇是魔术师）。在其著作《论法的精神》（*The Spirit of the Laws*）中，他提出，法律源于自然（这是一种非常典型的启蒙思想风格，令人信服）；他还进一步发展了分权思想，即将政府的行政、立法与司法功能分散到不同的政府组织机构，这又是一个为美国启蒙思想家所吸收的理念，詹姆斯·麦迪逊（James Madison）在制定《美国宪法》（*the U.S. Constitution*）时就充分体现了该分权理念。

另外一位重要的法国思想家、哲学家让－雅克·卢梭（Jean-Jacques Rousseau，1712—1778）就洛克的自然权利与人民主权的思想做了进一步阐述。卢梭写道："人生而自由，却无往不在枷锁之中。"卢梭说道，社会剥夺扭曲了人类天生的自由与平等，而一个改革的社会与政府可以通过人民与政府之间的协商，达成社会契约（social contract），推动人民自由与平等，从而重新恢复这种平衡。在其著作《社会契约论》（*The Social Contract*）中，卢梭描绘了这一理想社会，但如同其他启蒙运动出版物一般，这本书在法国也被列为禁书。

法国启蒙运动最重要的著作就是《百科全书》（*Encyclopedia*），该书全面系统地收录了运用新科学经验所获取的知识。这一时期的大多数重要思想家都参与了这本书的编纂。该书于1751年至1765年出版，共七卷，长达16288页。许多启蒙思想正是通过这本《百科全书》得以传播至世界各地；例如，洛克与孟德斯鸠的思想也被纳入"政治权威"以及"自然自由"等理念中，同时也推动了法国与世界其他地方的民主风气。《百科全书》的联合撰写人德尼·狄德罗（Denis Diderot）提出，只有当"最后一个国王被最后一个神父用肠子绞死时"，救世主才会降临。法国政府两次试图禁止《百科全书》，但其仍然不断出版，并成为当时的畅销书籍。

附文 1.1
《费加罗的婚礼》：点燃革命火种的歌剧

作为沃尔夫冈·阿玛迪乌斯·莫扎特（Wolfgang Amadeus Mozart）的一部喜歌剧，《费加罗的婚礼》（1786）为世人所熟知。然而，这部歌剧是基于一部极为成功又颇具争议的歌剧而创作的。该歌剧由皮埃尔－奥古斯丁·加隆·德·博马舍（Pierre-Augustin Caron de Beaumarchais）写于1784年。在不同时期，博马舍做过音乐家、侍臣、理财师、外交官、商人、间谍、出版商。不得不说，他还是一位投机者，从某种意义上讲，他还有点痞气。即便如此，博马舍还是一位典型的启蒙运动思想家，他虽为贵族，却批判权贵与上层社会。同时，他还是一位改革者，但并不是一位革命家。美国独立战争时期，他强烈建议路易十六（1774—1792年在位）（暗中）支持抗英革命分子，并几乎是靠一己之力筹资购买并运输充足的军事装备，支持殖民地内25000名革命分子。

在忙于各种项目以及去各地的冒险征程中，他也抽时间编写了许多戏剧，其中两部在歌剧界声名大噪，分别是：《塞维利亚的理发师》（The Barber of Seville，由罗西尼作曲）以及《费加罗的婚礼》（由莫扎特作曲）。在《费加罗的婚礼》中，故事情节充满戏剧色彩，讲述了标题中的主人公费加罗试图阻止伯爵行使他的初夜权（droit du seigneur），即一种封建领主对其领地内所有新婚妇女所享有的一种权利。然而，该歌剧讽刺了旧制度中的诸多封建体制与政府部门，包括社会等级制度、世袭特权、昏庸官吏、审查制度以及法庭。由于该歌剧涉及敏感内容过多，其初稿完成后，路易十六颇为震惊，并明令禁演该歌剧。然而，经过数次修改（包括将这部歌剧的情节背景由法国改为了西班牙），以及审查机构多次审查后，这部歌剧得以最终过审，并于 1784 年在法兰西喜剧院（Comédie Française）上演。尽管整部歌剧长达 4 小时 30 分钟，还是极受欢迎，连续巡演 68 场，并成为法国 18 世纪戏剧界最成功的作品。

革命领袖乔治·雅克·丹东（Georges Jacques Danton）赞扬《费加罗的婚礼》是"扼杀贵族"的一部戏剧，而拿破仑（Nepoleon）则认为该剧是"一场已经在如火如荼进行中的革命"。

说到这里，不得不提及另外一位哲学家，并不是因为他对法国整体革命形势的本质影响，而是因为他对欧洲以及整个西方世界发展的广泛深远影响。他就是苏格兰哲学家亚当·斯密（1723—1790）。亚当·斯密将启蒙思想中万物自然状态的观点，运用至经济与市场领域，并提出政府对经济的干预违背了竞争与供需之间的自然力相互作用。在其长达 900 页的著作《国富论》（*The Wealth of Nations*）中，亚当·斯密论述了个人利益如何推动共同利益的达成。通过放任个人贪婪与财富积累，市场这只"看不见的手"最终会让整个社会受益，他的思想可由一句看似相互矛盾的格言予以诠释，即"个人之私心积为社会之公德"。他提倡一种自由放任的制度（laissez-faire）（这个表述来源于法语，意思即为"放开限制，着手去做"），该制度鼓励政府放弃对经济的干预。这些思想彻底击碎了当时盛行的保护主义与重商主义，并成为随后资本主义的理论基础。《国富论》于 1776 年出版，而美国的《独立宣言》也于同年提出，这并非全然是巧合。

　　一直以来，人们都认为启蒙运动导致了 1789 年法国大革命（the French Revolution of 1789）的爆发。然而，我们有必要清楚一点，它并非法国大革命爆发的原因。大多数启蒙哲学家应被视为改革家，而非革命家。他们绝大多数都来自上层社会，尽管他们批判旧的社会制度，但他们更希望创造一个开明、以宪法为基础的君主制政府，而非一个民主的人民政府。启蒙哲学家本身没有建立自己的政党或革命组织，也并未提出任何具体的改革方案与政策。他们之中，并未有人直接参与了 1789 年的法国大革命。

　　即便如此，启蒙思想家提出的思想理念仍深刻地撼动并冲击着旧的社会体制与政治秩序。启蒙哲学家抨击旧制度所建立的一系列理论设想，并嘲讽现有的体制。他们推崇理性与独立思考，这也逐步瓦解了世人对教会以及国家权威的盲目遵从。洛克、孟德斯鸠以及卢梭提出，政府的最终目标是实现个人的幸福感与尊严，这也营造了包括法国在内的整个政治世界的新思潮。这些思潮得到了传播，并在民间被热议，这也催生了一种新的现象——公共舆论，以及一种新思潮——认为政府以及政治是一种"公共"的事物。

　　这一时期，美国与欧洲之间在启蒙思潮领域相互借鉴，相得益彰。托马斯·杰斐逊以及本杰明·富兰克林（Benjamin Franklin）到访法国，阅读了启蒙哲学家们的作品，并深受启蒙思想的影响。与此同时，美国革命的实践、《独立宣言》和《美国宪法》（1787）也激励着法国的改革家与革命家们。

启蒙运动的影响

　　启蒙运动的影响波及深远，并不仅限于法国与美国，实则影响了欧洲所有国家以及各个阶层的社会。甚至有一些欧洲君王采纳了启蒙思想（至少是其中一部分思想），并运用其中所倡导的一些原则推行改革；这些"开明统治者"包括普鲁士的腓特烈大帝（Frederick the Great），俄国的凯瑟琳大帝（Catherine the Great）以及奥地利的玛丽娅·特蕾莎（Maria Theresa）。在荷兰与不列颠，政治团体中的开明人士运用启蒙思想推进社会变革。跟法国一样，西班牙与意大利的思想家们运用启蒙思想批判抨击旧制度。启蒙思想催生了18世纪以及19世纪的政治意识形态，先后出现了自由主义（liberalism）、社会主义（socialism）与共产主义（communism）。启蒙运动注重推理、实验、观察以及经验，为现代社会科学，以及现代人们的学习与思维方式奠定了基础。然而，最重要的莫过于，启蒙运动所推行的精神为人权、人民主权、包容，以及对现代欧洲社会核心法律与价值观的尊重奠定了基础。

第二章
法国大革命与拿破仑

1789 年标志着欧洲以及世界史上一次重大事件：一场人民革命推翻了一个君主专制政体。如大多数历史创造者一般，用"1789年"这一特定年份描述这件事是一种简略的概括方式，这是为了掩盖更加复杂的事实，其影响力延续了数年。尽管 1789 年标志着法国人民冲进巴士底狱以及《人权宣言》的颁布，国王路易十六的统治并未真正推翻，直到 1792 年他才走下神坛，并于 1793 年被处以死刑。直到 1799 年拿破仑·波拿巴（Nepoleon Bonaparte）上位时，法国大革命的影响才波及欧洲其他国家。而直到 1815 年拿破仑垮台（那时也不算真正垮台），君主制复辟后，该革命才彻底结束。

法国这一系列事件对于欧洲其他国家有着特殊意义。正如上一章所提及，法国大革命时期，法国从许多方面而言是欧洲大陆最重要的国家。路易十四为等级森严、势力庞大以及高贵典雅的君主制建立了一套标准，他位于凡尔赛的奢华宫殿也为整个欧洲所景仰。法国拥有 2800 万人民，是整个欧洲大陆上人口最多的国家，同时，法国也是启蒙运动时期的艺术科学中心，更是启蒙思想家们抨击旧制度的前沿地带。法语成为那时应用最广的国际语言，也是外交场合与欧洲大部分皇家法庭的官方用语。

正如所有革命一样，1789 年法国大革命爆发的原因包括长期结构性因素，也包括一些更具诱发性的短期因素。前者包括 18 世纪的社会经济变化，启蒙运动思潮以及君主制的弊端。短期因素主要是经济因素，包括政府债务、经济危机以及庄稼歉收。1789 年，经济危机迫使国王不得不召开三级会议（the Estates General），自那时起，事件的发展就逐渐失控了。

18 世纪的大多数时候，法国的经济稳定，且不断增长。18 世纪中叶，农业生产与工业生产稳中有增，国民的受教育程度也由世纪初的 21% 上升到世纪末的 37%。然而，正如我们在上一章所提到的，这段时间还伴随着经济动乱与学界的不满。那时，工商业改变了整个经济，推动城市的扩张，以及新兴中产阶级（资产阶级）的诞生。中产阶级不断反抗，要求更多地参与国家经济发展与政治决策。启蒙作家提出宗教文化自由的理念、代表制度以及法律平等的思想。同时，他们更加迫切希望社会变革与进步。18 世纪，书籍、学术期刊与小册子的出版快速增加，使这些新思想得以广泛传播，并促使了公众舆论的萌芽。

然而，18 世纪末，法国面临着非常严峻的问题。税收体系效率低下，君主制政府筹资面临困难。此外，拥有法国大部分土地资产的教会与贵族又可享受税收全免。在美国殖民地抗击英国殖民者的独立战争中，法国对美国各殖民地提供了资金与物资援助，这也使法国旧政体所面临的财政问题进一步加剧。对于法国而言，援助美国殖民地是一项战略决定，而非人道援助，也非意识形态差异所致。法国意在削弱英国这一主要敌人的实力，同时，为七年战争（the Seven Years' War）中英国掠夺法国在美国与印度的殖民地而报一箭之仇。此时，政府债台高筑，国家税收不足，这意味着直到 1787 年，国家所征收的税收，有一半都用于偿还债务。

经济下滑也影响了法国其他人民。18 世纪的经济增长与从新世界所进口的银器加剧了法国的通货膨胀。当时，这一现象对许多人来说都是第一次见到，因此人们也相当警觉。1726 年至 1789 年，生活成本增长了 62%，而社会工资水平仅增长了 25%。18 世纪 80 年代，英国纺织制造商给法国带来的激烈竞争，致使法国北部纺织城镇中人民大规模失业。1788 年，法国遭遇了自 1709 年以来庄稼收成最糟糕的一年，导致谷物与食品价格上涨，食品短缺甚至是饥荒。所有这一切使得城市与农村中的不满不断高涨。

君主制自身的弱点也是另一个因素。路易十四是一位强大且具有活力的领袖，他的继位者却并非如此。路易十六软弱无能，他无法掌控他手下的牧师，牧师团体的内讧使政府难以应对 18 世纪 80 年代的经济危机。此外，路易十六几乎已经成了凡尔赛宫的"囚犯"，他极少离开巴黎地区，也因此与其国民以及他王国的各个地区相隔离。

1789 年：革命爆发

经济危机席卷而来，贵族阶级又不愿通过新的税法，路易十六决定召开三级会议，推动政府改革以及建立新的税收制度。

法国社会的三个阶级分别是牧师、贵族以及第三等级的普通老百姓，上一次三个社会阶层之间的大会还要追溯到 1614 年。1789 年 5 月，出席三级会议的 1200 名代表齐聚凡尔赛宫，他们由选民通过选举议会产生，并带来了票选阶段选民所写的陈情书（cahiers de doleances）或者申诉清单。陈情书要求适度地改革司法、税务以及领主制度，并不具有彻底全面的革命性。尽管如此，酝酿陈情书这一过程，让人民参与了政治决策，并将举国上下的焦点都关注在凡尔赛宫举行的这场三级会议。

在代表集结之前，人们便在激烈讨论三级会议上的投票机制。通常，三个社会阶层各派同等数量的代表参加会议，然而投票却是按照等级，而非人头，这就意味着第三等级虽然代表超过 95% 的法国人口，却只有三票中的一票。然而，在先前的省级地方会议上，第三阶层占到总代表人数的一半，并且投票是按人头。因此，投票机制上还是有调整的必要。阿贝·西尔斯（Abbé Sieyès）是当时一位鲜为人知的牧师，著有一本题为《何为第三等级》的书，该书在当时颇具影响力，他在书中就标题做了回答，他说道，"所有的一切都归于第三等级"。他还提出了一套类似的投票机制。西尔斯的书籍不仅论述了投票流程，还暗示了一种更为彻底的变革，他写道："如果贵族阶层被废除，这对全国并没有什么损失，反而是一件好事。"

6 月，三级会议最终通过了西尔斯书中所提出的方案，并宣布三级会议变为国民会议（National Assembly）。他们第二次集结开会时，发现原来的会议场所被关停，因此，他们便在旁边的一座室内网球场内开会，并提出了著名的网球场宣言（Tennis Court Oath）："不论我们在哪里集会，那里就是国家。"他们宣誓，法国不制定新的宪法，他们就绝不罢会。随着集会代表与巴黎市变得越来越难以控制，国王开始出兵进入巴黎市进行镇压。那时，民间流传政府企图解散国民会议的言论，于是巴黎全市范围内组建武装民兵。6月14日，8000名武装民兵冲进皇室监狱——巴士底狱，夺取存放在那里的武器弹药。皇家军队朝武装民兵开火，数百民兵丧生，尽管如此，武装民兵还是占据主导地位，捕获巴士底狱的监狱长，并将其斩首，他的头颅被插在长矛上并带到镇上示众。巴士底狱的攻陷，成为法国大革命的重要象征，而这一天被称为巴士底日，如今仍是法国的国庆日，大家都会燃放烟火并举行游行庆祝。

巴士底狱或许是最具象征意义的地方，然而在革命中，象征是至关重要的。在整个过程中，君主制的弱点暴露无遗，其权威也很快如水汽一般蒸发。巴士底狱被攻陷的消息传到了地方各省，农民们效仿巴黎人民揭竿而起，攻占地主们的酒庄城堡。8月，国民会议重新改名为国民制宪议会（National Constituent Assembly），正式废除封建主义（feudalism）的残余势力，并规定农民不再需要缴纳贵族费。

随后，国民制宪议会开始着手制定新政体的基本原则，并于8月26日通过《人权和公民权宣言》，其影响力堪比美国的《独立宣言》。同时，法兰西共和国成立，在历史上具有象征意义。宣言明确反映启蒙运动所勾勒的理想国度、启蒙思潮以及卢梭、孟德斯鸠、洛克的观点与倡议。宣言并未提及君主的权威，反而宣告"人生而就是而且始终都是自由的，在权利方面一律平等"，这些权利包括"自由、财产、安全以及反对压迫"。

路易十六拒绝在宣言上签字。此时，大多数议会议员还认为国王的签署对于这份文件正式生效是必要的。巴黎人民则认为国王如果在巴黎，而非凡尔赛宫的话，他将对人民的意愿予以充分的回应，于是，巴黎人民再一次采取行动。6000 名对市场面包供应短缺抱怨已久的女性游行 15 英里，抵达凡尔赛宫，护送国王返回巴黎。

接下来的两年，形势陷入了一片僵局。一方面，制宪议会正紧锣密鼓地制定新宪法，讨论君主的权力，并应对国家不断持续的经济危机；而另一方面，路易十六被视为一位真正的主张立宪的君主。为了应对国家不断加剧的债务负担，制宪议会征收了属于教会的所有财产。议会通过了神职人员民事组织法案（the Civil Constitution of the Clergy），要求神职人员与教会主教由公民选举产生，并迫使神职人员签署对国家效忠的誓言。最终，1791 年 6 月，新宪法问世，依据新宪法，人民选举产生立法议会，国王只有暂时的否决权，也就是说国王只有延缓法律通过的权力，而无法彻底驳回立法提议。

路易十六见局势不对，于是伪装成平民，逃出巴黎，抵达法国的边境，企图联合那些反动势力。这些反动势力中，几乎全都是欧洲各国的君主，他们认为法国所发生的一系列事件对他们在本国的统治是一个不祥的征兆。俄国女皇凯瑟琳大帝公然宣称："法国所发生的事件对所有的君王都是一个威胁。"然而，路易十六最终被法国人民逮捕，并押回巴黎。新宪法正式生效，人民正式通过选举产生立法议会。普鲁士与奥地利立刻加入对法国的战争。当它们的军队开始进军法国时，法国人民纷纷指控路易十六暗自勾结境外君主，于是，巴黎爆发了新一轮的人民起义。人民纷纷要求举行新的大选，1792 年 9 月，选举产生的国民公会（National Convention）废除了当前的宪法以及君主，并宣布成立法兰西第一共和国。

附文 2.1
法国大革命中的女性

女性在法国的革命事件中发挥着重要作用，其中包括进军凡尔赛，将路易十六护送回巴黎，使他可以更好地体察民情，对人民负责。然而，法国大革命的领袖大部分都是男性，并不是所有女性都对革命的成果感到满意。例如，《人权和公民权 宣言》中对女性的权利只字未提。于是，1791 年，法国戏剧作家奥兰普·德古热（Olympe de Gouges，1745—1793）出版了《女性人权宣言》，该宣言中所有的条款都与《人权和公民权宣言》一致，只不过是将条款内所有的"男性"用"女性"予以替换。她以一位"母亲与人妻"的身份向女王（玛丽·安托瓦内特）请愿，希望这位颇具影响力的女性能够支持她的女权事业。

在不列颠，教师兼作家玛莉·渥斯顿克雷福特（Mary Woll-stonecraft，1759—1797）支持法国大革命，认为这场革命可能会产生一个代表人民并尊重男女权利的政府。然而，她也对《人权和公民权宣言》颇感失望，对于法国议会仅规定男性受教育的权利，她感到非常愤懑。为此，她出版了一本名为《女权辩护》（*A Vindication of the Rights of Women*）的书，在书中，她将婚姻描绘为"合法的卖淫"，并抨击教育方面的限制令女性处于一种"无知与奴性依附"的状态。这是不列颠第一本提倡女性投票与担任公职权利的书籍。

激进的共和政体与恐怖统治

君主制的废除标志着人民民主的胜利，以及广泛公民选举权（suffrage）的回归（该权利于1789年提出，但在1791年被废除）。在巴黎，诸如乔治·丹东以及马克西米利安·罗伯斯庇尔（Maximilien Robespierre）等具有魅力的领袖运用各种手腕获得权力以及扩大其影响力。由此，政治俱乐部（如激进派雅各宾党）以及政治派系开始形成。议会的每次会议，都有许多平民百姓参会，他们在会上嘲讽政治领袖与发言人，有时也会为他们欢呼，朝着他们大喊大叫，或者朝他们扔东西。大量平民参会对许多政策采纳以及领导力变更发挥了巨大作用。在巴黎与地方省份，当地政治俱乐部与地方议会（section assemblies）让许多"无套裤汉"（sans-culottes，指那些"不穿贵族式套裤"的激烈共和党人）参与了几乎所有的日常政治活动。

在国民会议中，对于新当选的议员而言，他们的头等要事就是决定废黜国王路易十六。一些人认为，国王路易十六应被判处叛国罪；而另有一些人认为应当跳过审判，直接处以死刑；然而，保守者坚持认为国王路易十六享有皇家豁免权，可免除审讯或死刑。议员最终决定由国民公会执行审判。路易十六两次出席审判为自己辩护，但一个月后，议员一致投票判处路易十六勾结境外势力，并以微弱的票数优势，对其处以死刑。1793 年 1 月，路易十六在断头台上被斩首，九个月后，他的妻子玛丽·安托瓦内特也死于断头台上。作为斩首工具，断头台即刻成为一种无痛（因此也更加人性）高效的死刑方式，并成为法国大革命的另一个象征。

附文 2.2
查尔斯·狄更斯笔下的断头台

法国大革命的遗留问题与历史意义是世界史上最饱受争议的话题。毕竟，这段时间内，法国取得了卓越的成就，但也遭受了各种苦难。英国的政治变革是最和平的，许多英国人对法国大革命中的各种暴力事件瞠目结舌。例如，查尔斯·狄更斯（Charles Dickens）是法国大革命后出生的新一代作家，并著有《双城记》（*A Tale of Two Cities*），他在书中体现了他对恐怖统治时期内断头台的厌恶之情：

> "它是国家牌剃须刀，能把一切剃得一干二净……它是
> 人类再生的标志。它取代了十字架，人们摘去十字架，把它
> 的模型戴在胸前。凡是十字架被摒弃的地方，它就受到人们
> 的顶礼膜拜，崇信有加。"

　　路易十六被处以死刑后的一个月内，不列颠、荷兰以及西班牙纷纷加入奥地利与普鲁士对法国的战争中。由于玛丽·安托瓦内特是奥地利大公的妹妹，法国革命对欧洲君主制所带来的威胁变得更加紧迫，也牵涉到君王个人。在法国，反革命运动与境外势力发起的战争强化了国民公会中激进派的势力，他们建立公共安全委员会（Committee of Public Safety），捍卫法国大革命的成果，并清除敌对势力。公共安全委员会先后由丹东和罗伯斯庇尔领导，并正式宣布恐怖统治的开始，旨在肃清国内敌对势力与境外入侵的威胁。他们认为反革命分子被归为犯罪嫌疑人，应被逮捕并接受审讯。正如罗伯斯庇尔所说："对于好的公民而言，革命政府应当全力保护整个国家，而对敌对分子而言，革命政府应将他们送进地狱。"[1] 当时，断头台是执行死刑的常用方式。恐怖统治时期，约有 4 万人被处以死刑。一年之内，恐怖统治已经走到了尽头，但也是因为其自身的原因而终结。当被送到断头台上时，丹东对刽子手说："把我的头颅展示给众人看，这绝对是值得一看的一幕。"数月后，罗伯斯庇尔也被送上了断头台。

　　罗伯斯庇尔死后，国民公会废除了革命独裁政体，并撰写了一

部新宪法，建立了一个五人督政府行使行政权。该政府维持 4 年，并试图在激进派革命与皇室诉求中找到一个中间平衡点。由于与欧洲其他国家开战，加之国内政局不断发酵，该政府所拥有的政治合法性也不断被削弱，因此，它也逐渐依赖军队的支持。1799 年年末，该政府内的五人本身也是政变（Coup D'etat）的支持者，将权力的控制权交由一名充满活力的年轻军官，他就是拿破仑·波拿巴。

拿破仑与欧洲

拿破仑于 1793 年当上了将军，那时他才 24 岁。两年后，他因镇压了巴黎的一起皇室起义后而声名大噪。次年，他受命担任意大利方面法军总司令，并在抗击奥地利精锐部队中连连告捷。此后，他荣耀回国，被奉为国家英雄，即便在 1799 年雾月政变后，他的民众支持度还是居高不下。1802 年，他被选为终身第一执政，两年之后，他自己加冕为拿破仑一世（Napoleon I），成为法国的皇帝。他在位 10 年。在这 10 年间，他与法国在大部分时间内都主导着整个欧洲。

法国国内，拿破仑践行督政府的中间路线，一方面维护法国大革命的主要成果，另一方面避免重新踏上激进主义或君主制的道路。他削弱代表制度，对出版进行严格审查，镇压叛乱分子，监禁或处死那些保皇分子阴谋策反运动中的俘虏。同时，他也与天主教会讲和，与教皇签署协议书，清除了法国大革命以来教会与神职人员所施加的诸多阻挠。也许，他影响力最持久的功绩是颁布了一部新的法典，即《拿破仑法典》（Napoleonic Code），

如今，该法典仍是法国以及欧洲大部分国家的法制基础。（见附文 2.3）

附文 2.3
拿破仑法典

法国大革命之前，皇室法律及教会法律与法国许多地方省份的传统是相冲突的。拿破仑委任一批律师协助他建立一部统一的法典，并亲自参与法典制定。这部法典一共有 2000 多项条款，将法国大革命的许多成果制度化，包括法律面前一律平等、宗教自由与财产所有者的权利等。该法典还反映了拿破仑对家庭的传统看法，他认为家庭是国家与个人之间一个重要的中介。拿破仑曾抱怨说："女性一直都被看得过于重要，她们不应该与男性平等。实际上，她们不过是生孩子的机器罢了。"[2] 新颁布的这部法典也体现了父权主义观点，规定女性与儿童在法律上只是从属以及依附于他们的丈夫或父亲，而男性对家庭财产具有控制权。然而，该法典也要求财产继承应在儿子和女儿之间分配，这也彻底废除了长子继承权，即将所有财产都过继给家中的长子。令人出乎意料的是，该法典也让法国夫妻开始只生两到三个孩子，如此一来，他们的财产就不会被过多地分割。

《拿破仑法典》被欧洲大陆大部分地区所采纳及应用，是整个欧洲大陆法律体制的基础，包括有许多穆斯林的土耳其，以及美国的路易斯安那州，该州在法典颁布时，还是法国的殖民地。拿破仑也认为这部法典是他对后世留下的永垂不朽的遗产。他说道："我的成功并不是打了 40 场胜仗……真正不会被摧毁的，能够永垂不朽的，还是我颁布的《民法典》（*Civil Code*）。"[3]

附文 2.4
1812 年战争（美国第二次独立战争）

美国与不列颠之间爆发的 1812 年战争是由拿破仑战争所间接产生的。虽然美国在英法之间的战争中仍保持中立，但还是对法国的革命思想非常赞同，同时也一直对法国当年对美国革命的支持心怀感激。欧洲拿破仑战争期间，美国与法国之间持续的贸易往来促使英国封锁了美国各个港口，截获美国商人的船只，并让人误以为美国水兵是英国逃兵。这些纠纷对英国来说都不值一提，因为那时英国的注意力都在击败拿破仑上，但 1812 年，美国对英国正式宣战。当战争真正爆发时，封锁解除，由此，促使与美国之间冲突的问题得以解决，1815 年战争结束。许多美国人将此次战争称为美国"第二次独立战争"，弗朗西斯·斯科特·基（Francis Scott Key）亲眼见证了英国海军炮轰巴尔的摩的麦克亨利堡，随后，他便编写了美国国歌的歌词。

拿破仑组建了规模浩大的军队，并率领军队入侵其他国家，传播法国大革命思想，巩固其与法国在欧洲大陆上的权力。1805年，他在奥地利的奥斯特里茨重创俄奥联军。次年，他在德国的耶拿击溃普鲁士军队并攻占柏林。在拿破仑帝国鼎盛时期（1810—1812），法国控制了西班牙、意大利、比利时、荷兰、瑞士全境以及德国、波兰、克罗地亚与斯洛文尼亚的大部分地区。

拿破仑并非一位革命家，但是他巩固了1789—1791年的许多革命成果。对于启蒙哲学家的大部分思想与倡议，他也非常支持。通过武力军事征服，他将启蒙运动与法国大革命的诸多思想传播至整个欧洲大陆。在欧洲许多地区，拿破仑建立了附属共和国，并各自配有宪法、权利宣言、投票通过的法律、公民权利平等。此外，他还在这些共和国内对标法国进行金融、司法与行政改革。在其帝国的每一个角落，他都对封建主义予以镇压、推行法典、推广代议制政府观念，并唤醒民族主义。这些地区的人们实际上并不愿意接受法国的统治，但是他们将法国这些创新举措视为对抗他们本国君主的武器。诚然，欧洲各国的君王认为拿破仑对旧秩序与欧洲的力量平衡都是一个巨大的威胁。

最终，拿破仑不断地扩大征服领土也极大地分散了其统治权力。1812年，他组建了一支40万人的部队，对俄国发动袭击。拿破仑招募大批军队，并向其灌输为法国而战，为"自由、平等与博爱"（这是法国大革命的口号）而战的理念，从而也改变了欧洲战争的本质。几乎在任何地方，拿破仑军队的规模与士气足以击垮其他欧洲君主手下的精良部队，因为这些君主手下的部队虽训练有素，但都是由雇佣兵组成，他们是为佣金而战，而不是为信仰与事业而战。然而，俄国军队却足以让以往任何一支军队相形见绌，它的规模给拿破仑军队的补给、前进与后勤带来了巨大的挑战。当拿破仑军队抵达莫斯科时，俄国的冬天正好来临，莫斯科市内失火，也许是俄国人为了烧毁法国军队御寒帐篷而放的火。撤退时，几乎所有的法国军队要不就是被遗弃，要不就是死于寒冷、饥饿以及俄国人的游击战袭击中。最后仅有 7 万名战士返回法国。

此时，奥地利、普鲁士与不列颠、俄国组成联军对抗拿破仑。由此，拿破仑的军事实力开始减弱。联军逐步逼近，进入巴黎，迫使拿破仑退位，并将其流放至意大利沿海的厄尔巴岛。一年内，他逃离该岛，并在法国集结支持者，再次与联军对抗。 1815 年，他在著名的滑铁卢战役中败于英普联军。这一次，他被流放至南大西洋的圣赫勒拿岛，并于 1821 年在该岛去世。

随着拿破仑的败北，欧洲君主试图恢复法国的旧秩序。路易十六的弟弟路易十八被推上皇位，波旁王朝重新建立。法国的国土边界又重新恢复至 1790 年的样子。然而，革命的基因不可能全部封装在瓶子之中。路易十八颁布了宪章，将 1789 年后进入法国社会与人民生活的诸多变化融入这部宪法，其中包括一定程度的言论自由与议会制政府的观念。

在维也纳会议（the Congress of Vienna，1814—1815）上，来自四个战胜国（大不列颠、奥地利、俄国与普鲁士）的君主确认恢复旧秩序，并进行一定程度的改良，重新确立各国之间的势力平衡，以保留君主权力，维持长期和平。的确，接下来的 100 年内，欧洲大陆并未爆发大规模战争。然而，法国大革命与拿破仑发动的战争撼动了欧洲社会的基础。第一次现代革命发生在 1789 年，1792 年法兰西共和国是欧洲现代史上对民主的第一次实验；这一系列事件启发了自那以后的民主主义者、自由主义者、社会主义者与革命主义者。拿破仑一方面发动军事战争，致使数百万人丧生；另一方面又将自由、平等与博爱的理念广泛传播，并将代议制政府的种子植入整个欧洲大陆。

附文 2.5

贝多芬与拿破仑

德国作曲家路德维希·冯·贝多芬（Ludwig van Beethoven）在音乐领域也是一位革命家。如许多革命家一样，他将法国大革命与拿破仑·波拿巴进行区分看待。作为一名共和主义者（倾向代议制政府），贝多芬欣赏拿破仑，认为他体现了法国大革命的价值观。1803 年，他写出《第三交响曲》，并献给拿破仑将军。然而，当拿破仑次年宣布自己是法国皇帝时，贝多芬的幻想破灭，他于是撕毁写有献给拿破仑交响曲的那一页，并将其改名为"英雄"（Eroica），即《英雄交响曲》。

贝多芬的作曲风格以及其音乐本身都具有革命性，并反映了那个时代的精神。他的前辈们（包括弗朗茨·约瑟夫·海顿以及莫扎特）大多数时候都是受国王或王公贵族的委托作曲，在作曲过程中考虑贵族听众的喜好，作品一般在优雅的官殿内上演。贝多芬则坚持自己的个人精神，作品中充斥着他的热情以及大量慷慨激昂的乐句，给听众带来冲击，并在付费的公共音乐会上上演。此外，他还将音乐带到街头。《英雄交响曲》与他的其他所有作品一样，是一部气势恢宏的交响音乐，充满着紧张、悲伤与喜悦的各种情感。这是一部革命性的音乐作品，贝多芬也因此成为自由与个人主义的象征。

即便 1812 年抵御了法国军队的袭击，俄国还是受到了法国革命的影响：一路追赶撤退法国军队的俄国士兵到达法国时，也感受到了法国文明，并接触了启蒙思想与革命意识形态。回到俄国后，有些士兵在 1825 年的十二月党人起义（Decembrise revolt）中试图建立君主立宪制。尽管这一努力以失败告终，但十二月党人启发着诸多革命者，这些俄国革命者在 1917 年引爆了下一场伟大的现代革命。

第三章

工业革命与资本主义的诞生

工业革命时期指的是经济生产手段由手持工具向以煤与蒸汽为动力的机器转变的时代。虽然巨大的社会变革发生在 1780 年后半个世纪的大不列颠[1]，但该进程主要还是发生在 1750 年至 1850 年的欧洲。尽管工业革命与法国大革命是截然不同的事件，但也差不多在同一时间开始。前者主要影响英国以及经济领域；而后者主要影响法国与欧洲大陆，主要变革发生在政治领域。相对而言，英国没有受到法国大革命与拿破仑战争的影响，而欧洲直到 1820 年后才真正开启工业革命。

工业革命的影响无论如何，都至少可与法国大革命相提并论。其影响很快就先后从英国传播到了西欧与东欧，进而波及世界各地，并开启了更广范围内的现代化进程，该进程横跨了 19 世纪与 20 世纪。经济生产的机械化极大地提高了产量与经济产值，为现代化的工业社会奠定基础。随着流水线工厂出现，城市化进程开始，家庭形式转变以及新社会阶级、城市工人阶级 [或无产阶级（proletariat）]，工业化对经济与政治发展产生了深远的影响。

工业革命的起因

与 18 世纪晚期的欧洲其他国家相比，英国似乎是工业革命的天然起源地。此外，工业化进程最早在英国开启的因素，也帮助英国在 19 世纪成为世界范围内工业化先驱。这一岛国有着受教育程度高、流动性强的人口；也有着天然的煤炭与钢铁资源；同时英国河网遍布，运河通达，航海线路通往世界各地，使其拥有广泛的贸易网；国内各个地区也相距不远；国内人口不断增长，政局稳定。此外，英国还避开了法国大革命与拿破仑战争所带来的混乱与政治暴动。

工业革命不断推进，一部分原因是得益于农业革命，此次革命主要有两个层面，分别是科学化农业的发展以及圈地运动（enclosure movement）。前面提到科学革命为启蒙运动奠定了基础；同时也催生了许多务实发明与创新，其中一些发明创新就出现在农业领域。1700 年，杰思罗·塔尔（Jethro Tull）发明播种机，能以整齐排列的方式在土地中种下种子，替代了此前低效的人工播种。18 世纪中叶，英国农民开始种植萝卜，萝卜不仅可以提高土地的肥力，又可以在冬天为家畜提供饲料，此前家畜都会在冬天来临时被宰杀，如今便可以有充足的食物过冬。这一时期，人们形成了更为科学化的牛羊饲养方式。这些新涌现的农业技术大幅度提高了农业产量，也让英国（以及欧洲其他国家）能够给快速增长的人口供应充足的粮食。农业的革新至少暂时推迟了英国经济学家托马斯·马尔萨斯（Thomas Malthus）所预言的悲惨世界。他在其著作《人口论》（*An Essay on the Principle of Population*，1798）中指出由于人口成倍数增长，而粮食产量增长滞后，由此，周期性出现的贫苦与疾病将不可避免。

农业革命的另外一个层面就是圈地运动。该运动指的是拥有大量土地的贵族与绅士阶层用围栏、墙体与树篱将公共用地圈占，作为自己的私人牧场。这也不断腐蚀着中世纪以来允许农民使用公共牧场或林场的做法，不过这一做法至今还受到英国普通法的保护。然而，17世纪末，大地主操控了英国议会，他们极力施压，迫使议会通过数百项圈地法案，让圈地这一做法合法化。因此，土地所有权集中在相对少数的富有地主手上。随着整个农田面积不断扩大，农业经济规模也不断扩大，生产力不断提高，粮食产量也不断增长。这些农业领域的变化带来了两大主要影响：一方面，在农田上耕作的农民数量越来越少，许多农民离开农村，拥向城市寻找工作机会；另一方面，农业生产更加高效，供应城市市场的粮食产量不断增加。上述两大主要影响也推动了城市化与工业化进程。

工业化本身始于英国的棉纺织业。机械化时代之前，英国的纺织业以家庭作坊式为主，生产亚麻与羊毛，同时，主要从印度进口棉纺织品。1707年，英国政府为了保护并支持国内棉纺织业的发展，开始禁止从印度进口纺织品。这带来了积极的效果，飞梭、珍妮纺纱机以及骡机等18世纪的几项重要发明，提高了棉纺织流程的机械化水平，极大地提高了纺织效率，由此也极大地刺激了棉纺品产量。棉质衣服价格更加亲民，比羊毛以及其他纤维更加容易打理，使穷人有衣可穿，进而迅速受到社会各阶层的欢迎。

随着时间推移，英国棉纺品产量的提高使得国内市场供过于求，因此，为了保证该产业的可持续发展，英国亟须拓展海外市场。英国开始在新世界中寻找目标市场，尤其是在美国独立战争（the American War of Independence）后，英国加紧了海外市场的拓展。美国奴隶制的发展刺激了对廉价棉纺品的需求，而这些棉纺品正是由英国商人供给。1793年，美国发明家伊莱·惠特尼（Eli Whitney）发明了轧花机，可以以机械的方式分离棉花种子与纤维，过去这一工序都是靠手工完成，自此，英美棉花贸易成为一项双向的商业活动。此前，英国大部分的原棉都是从奥斯曼帝国（Ottoman Empire）与加勒比海地区进口，然而，轧花机降低了美国棉花的价格。因此，自那以后，英国棉纺织公司开始从美国进口大部分的原棉，并将棉纺织制成品出口至美国，这为英国的棉纺织产业带来了繁荣，同时也促进了两国的贸易经济增长。

尽管英国的纺织机与美国的轧花机是两大对于工业革命加速发展至关重要的发明，然而，蒸汽机却是这个时代最重要的发明。托马斯·纽科门（Thomas Newcomen）在英国发明了最早的蒸汽机，有效地帮助人们从煤矿中抽出大量水，但是它过于笨重、操作起来也不灵巧。1763年，苏格兰人詹姆斯·瓦特（James Watt）极大地改良了蒸汽机。起初，蒸汽机的用途跟先前一样，用于煤矿开采。然而，很快人们就意识到蒸汽机可用于其他目的。18世纪90年代，人们将棉纺骡机进行改装，以蒸汽作为动力，产量立刻得以提高，是先前工人在手工纺车旁作业时的数百倍。对于英国这一最重要且广泛传播的产业而言，这的的确确是一次革命性变革。

这些新机器催生了另外一项发明——工厂。蒸汽与水动力要求劳动力集中在动力源头附近，而重型设备（如纺织机、动力织布机以及蒸汽机）需要大型建筑予以放置。作为纺织制造业中心，坐落在英国中部的曼彻斯特成了第一座现代工业城市。随着工厂数量的增加以及机械化与流水生产线带来的产量提高，曼彻斯特的纺织品产量也在不断激增，这座城市也立刻超过了印度的产量。尽管英国政府在 18 世纪早期通过禁止从印度进口纺织品而限制双边贸易，如今的英国棉纺制品不再需要依靠保护主义来寻得发展了。英国制造商为自由贸易四处游说，而"自由贸易"这一词随后也成为早期资本主义的口号。

蒸汽机也以其他的方式推动经济增长。1825 年，人们将蒸汽机安装在一辆运煤的小推车上，这辆推车沿着 7 英里的轨道，将煤炭从达灵顿（Darlington）的一座煤矿运往港口城市利物浦（Liverpool），这标志着铁路时代的到来。正如变革棉纺业一样，蒸汽机也为交通运输带来了变革。直到 1850 年，英国铺设了 6000 多英里的铁路轨道。铁路不仅推动了交通运输，缩短了运输时间，同时也促进了工业的进一步发展。铁路的快速应用也刺激了对煤炭、蒸汽发动机、铁矿以及钢筋的需求。例如，每铺设 1 英里的铁路轨道，需耗费 300 吨铁矿。1830 年至 1850 年被称为英国历史上的铁路狂热年份，这期间，英国的铁矿生产翻了 3 倍有余。因此，像曼彻斯特这样棉纺工厂聚集的城市，随后也立马涌现了许多生产钢铁蒸汽发动机的工厂，这也为一个现代工业经济体系的建立奠定了基础。

工业革命早期的发明与创造大部分都是一些务实的人为了提升效率、获得利润而发明的产品。上述发明中，很少是由科学家所发明的。然而，工业革命与早期资本主义的理论与思想基础是由哲学家与经济学家亚当·斯密在其1776年出版的著作《国富论》中所提出的。在第一章中，我们提到，亚当·斯密所提出的经济交换自然法则理论与启蒙思潮是不谋而合的，然而，亚当·斯密本身也是工业革命与启蒙运动的产物，他的著作既反映了英国的经济发展，也强调了这些趋势，并使这些趋势便于人们接受。

在《国富论》中，亚当·斯密认为，经济生产与交换有自己的一套自然法则，同时，供求也是如此。如果政府不加干涉，任这些法则发挥作用，它们将自然而然地以最合适的方式调控经济。同样，也应当允许个人追逐其自身的经济利益，不应被监管所束缚。供需的自然法则将会回应这种个人利益的表达，而个人经济利益所得的总和将整体提升全社会的福祉（"个人之私心积为社会之公德"）。由此，政府应该尽可能地减少对经济的管理或监管，而其主要职能则是为经济发展提供一个稳定的环境，比如，维护政治稳定、为私人财产与契约提供法律保护以及增强法制建设。

附文 3.1
水晶宫

作为世界首次博览会，万国工业博览会（又称"1851年伦敦世界博览会"）旨在庆祝大英帝国所取得的工业进步，

是工业革命与大英帝国工业实力的重要象征。此次博览会在水晶宫（the Crystal Palace）举行，水晶宫是一座巨大的以钢铁与玻璃为材质的建筑结构，像一座温室，是预制装配技术成功应用的典范。该建筑高 1851 英尺[①]，每一英尺均代表公元纪年后的一年。水晶宫内展示了来自世界各地的各式各样的工业、商业与艺术品。在为期 6 个月的展期内，有 600 万人前来观展。此次展览中，最著名的展品就是移动机械大厅（the Hall of Moving Machinery），各种新奇怪异的蒸汽引擎和其他机械装置如同艺术或雕塑品一样，陈列在大厅内，供观展者欣赏。此次展览还展出了许多批量生产的家用产品，比如，精致的家具以及镀银的器皿、雕像和花瓶。从这一方面来看，水晶宫也开启了大众消费的时代。不久之后，巴黎、维也纳、纽约和世界其他城市也相继举办了这类展览。

水晶宫位于海德公园，用于陈列万国工业博览会中所展出的科技成果，随后迁移至锡德纳姆（Sydenham），作为一座娱乐公园的中心地标景点，并于 1936 年毁于一场火灾之中。

（版权由 Topham/HIP/The Image Works 所有）

诚然，上述所有一切皆符合英国新兴企业家的利益。他们抱怨旧重商体制下的种种限制，提倡自由贸易，希望政府能为他们的新工厂提供法律保护，同时，也希望政府能尽可能避免干预他们的商业活动。

[①] 1 英尺 =0.3048 米。

工业化的社会经济影响

工业化不仅变革了英国的经济，同时也改变了工作场所、家庭形式与人民的日常生活。18 世纪之前，大多数英国人都居住在农场、乡村或小镇，工作场所一般都是农田、家庭作坊或小商店。随着工厂的出现以及城市化进程的开启，上述一切都开始发生转变。作为早期工业城市的典范，曼彻斯特的城市规模在 18 世纪最后 25 年内，增长了 10 倍，而整个英国也在这一时期内涌现了许多大城市。1785 年，英国与苏格兰只有 4 座城市的人口数量达到 5 万左右；70 年后，人口达到如此规模的城市就已有 32 座。

这些城市主要用于工业生产，但并不适宜人类居住。直到 1835 年，英国新城市的设立并没有按照常规程序，因此大多数的新兴工业城镇并没有设立负责征税的市政部门或制定相应的税务规定。大多数新兴城市在国家议会中也无代表。因此，这些城市所得到的财政与行政资源也非常有限，致使无法提供诸如公共安全、水务与污水治理或垃圾处理等基本城市服务。下面的文段对这些新兴城市做了相应的描述：

新兴大城市群毫无生气，被早期煤时代的浓烟熏得黢黑，而其中磨坊与工人宿舍尤甚。英国中部阴雨绵绵，极少见到阳光，这些城市大多数情况下都是黑暗的。如所有快速发展的社区一样，工人宿舍都是匆忙搭建的，拥挤不堪，而且总是供不应求。整个家庭都挤在单人间内，家庭生活接近分崩离析。格拉斯哥的一名警察说道，格拉斯哥市内充斥着一栋栋的廉租公寓，每栋公寓中都有 1000 名衣衫褴褛的孩子，他们只有名字，并无姓氏，而他们的名字通常都是以动物命名的绰号小名。[2]

工厂内的工作永无停歇、令人沮丧。工人们通常需要一遍遍地重复同样的操作，少有休息、一成不变；工作日中，工人通常每天都要工作 14 小时。工厂内的工作组织安排旨在加快工作进度、协调各项工作流程、加大工作强度，因此工人们鲜有机会社交。法国女权主义与社会主义者弗洛拉·特里斯坦（Flora Tristan）到访英国后，在其书中写道："英国工厂内，没有歌声与交谈声，也无欢笑声……雇主不愿他的工人们因生活中的琐事分心，哪怕一分钟也不愿意；雇主要求整个工厂内鸦雀无声，而整个工厂内的确是死寂一般。"[3]

工厂内的机器运转通常是以煤炭为动力，这意味着工厂内外都被黑色的煤尘包裹。工人的工资极低，工人们无法养家糊口。因此，孩子们通常不得不在工厂内工作，他们当中有些只有 6 岁。19 世纪英国工人阶级艰苦恶劣的生活条件被刻画在查尔斯·狄更斯的作品中，并流传至今，如《雾都孤儿》和《艰难时世》。狄更斯也是在这种环境下长大的。他的父亲一直都背负着债务，随后因欠债而入狱，狄更斯 12 岁时被迫辍学，去鞋厂打工贴补家用。

工人聚集在城市与工厂，这也产生了相应的政治影响。工厂内工作空间狭小，工作环境肮脏，工人怨声载道，并聚集在一起讨论他们所处的工作环境与他们的共同遭遇。由此，工人们变得更加团结，也获得了一股力量，他们成立工会，即便 1825 年前，这些工会在英国都是非法的（此后许多年，罢工仍被视为违法）。议会担心工人们会发动革命，于是在 1832 年通过了选举改革法案，使选民数量翻了一倍，但即便如此，只有五分之一的成年男性市民拥有投票权。1838 年，一个名为"宪章派"的工人阶级团体草拟了一部《人民宪章》，要求赋予所有成年男性投票权，并废除对议会当选议员所设立的财产要求。尽管超过 100 万人联名向众议院递交陈情书，以支持宪章，众议院却予以驳回，直到 30 年后，投票权才真正在英国推广开。工人阶级采取温和的方式，希望议会通过劳动改革；此次尝试失败后，许多工人开始转向更加激进的方式，包括提出社会主义思想，并通过革命方式推翻资本主义。

弗里德里希·恩格斯（Friedrich Engels，1820—1895）出生于德国，曾经是曼彻斯特一家棉纺织工厂的经理，他为工业化与社会主义之间搭建了一座重要桥梁。尽管恩格斯高居工业阶级的上层，他也被城市中的贫苦所震撼，并将其观察写成了一本著作，名为《英国工人阶级状况》（*The Condition of the Working Class in England*，1844）。之后，他遇见其德国同胞卡尔·马克思（Karl Marx），与其成了朋友，将其带到了英国，并在英国开始资助马克思的研究与著书。他将马克思介绍给宪章运动的几位领袖。1848 年，马克思与恩格斯合作出版《共产党宣言》（*The Communist Manifesto*），宣言结尾写道："全世界无产者，联合起来！"这是共产主义运动形成的第一步，并于 1917 年在俄国革命成功后达到高潮。

共产主义是 19 世纪前半叶所涌现的各种"主义"之一。这段时期内，各类理论与运动不断涌现。越来越多的人融入社会，并参与各类社会政治问题的讨论，他们也开始以一种更加系统的视角思考这些社会问题。因此，1820 年至 1850 年，"自由主义""激进主义"（radicalism）、"社会主义"以及"民族主义"（nationalism）这类表述也首次在英语中出现。

浪漫主义（romanticism）也在这段时期内诞生。尽管与其他政治主义不同，但浪漫主义是一场文学艺术领域的运动。浪漫主义是对启蒙运动与 18 世纪两次革命的反思，它反对启蒙运动所强调的绝对推理，尝试延缓法国大革命与工业革命所带来的不利政治与经济影响。浪漫主义作家强调感觉、直觉、情感的重要性，认为世界无法完全基于推理及科学证据理解。约翰·歌德（Johann Goethe）在其著作《浮士德》（Faust）中指出："感觉即一切。"

浪漫主义对整个欧洲的艺术家与作家影响深远，并在 19 世纪的头 10 年涌现了很多如歌德一样的诗人和小说家，包括法国人维克多·雨果（Victor Hugo）[《悲惨世界》（Les Misérables）]、俄国人亚历山大·普希金（Alexander Pushkin）以及英国诗人塞缪尔·泰勒·柯勒律治（Samuel Taylor Coleridge）、威廉·华兹华斯（William Wordsworth）、洛德·拜伦（Lord Byron）和阿尔弗雷德·洛德·丁尼生（Alfred Lord Tennyson）。贝多芬凭借其动人心弦、情感激烈、愉悦听众的交响曲，开创了音乐领域的浪漫主义时代；随后，肖邦（Chopin）、威尔第（Verdi）、柴可夫斯基（Tchaikovsky）以及许多其他音乐家也相继将浪漫主义运用至音乐中。欧仁·德拉克洛瓦（Eugene Delacroix）、约瑟夫·马洛德·威廉·透纳（J. M. W. Turner）、约翰·康斯太勃尔（John Constable）等画家描绘自然或历史上的英雄人物（一般是悲情的英雄人物）。

许多作家与艺术家挣扎于工业革命所带来的模棱两可的影响之中，也在传统与改变之间来回纠结。工业创造了大量财富与巨大的社会进步，但也带来了苦痛与社会分化。这些问题与矛盾将困扰着未来的欧洲一代。

工业革命的影响

工业革命始于英国，并迅速传播至世界各地。尽管最重要的早期发明均出现在英国，世界其他地方随后也相继涌现了诸多重要发明：美国人罗伯特·富尔顿（Robert Fulton）的蒸汽船与塞勒斯·麦克科密克（Cyrus McCormick）革新小麦收割方式的收割机，还有尤斯图斯·冯·李比希（Justus von Liebig）的化肥。铁路如一张蜘蛛网，横纵贯穿整个欧洲，将欧洲大陆连为一体。工业革命也加速了美国的西进运动与俄国的东部开发（两者约在同一时间进行）。在德国，生铁的产量在 1825 年至 1860 年翻了 4 倍；法国的煤炭与钢铁产量也在同一时期翻了一番。

1837 年，19 岁的维多利亚（Victoria）登上了英国女王之位。随后的 64 年，她统治着英国，这一时期也以她的名字命名，称为维多利亚时代（the Victorian Era）。维多利亚加冕时，工业革命在英国如火如荼地进行着，新兴中产阶级正主导着英国社会，并影响其价值观体系。尽管工业化主义与城市化进程给工人阶级带来了苦痛，但也给中产阶级带来了诸多益处与改变。有购买力的人可以购买更多种类的消费品，工厂忙于大量生产"奢侈品"，而这些奢侈品从前只能供贵族享有，如今也逐渐平民化。图书馆、剧院以及音乐厅在城市中如雨后春笋般涌现，为中产阶级提供了更多娱乐活动，大多数主要城市都有了属于自己的报纸。

附文 3.2
丁尼生笔下的"洛克斯利大厅"

阿尔弗雷德·洛德·丁尼生的《洛克斯利大厅》（1842）是浪漫主义时代的经典诗篇，描绘了年轻人的原始情愫与热情，与工业革命时期人们的处境相反。在诗篇中，叙述者是一位英国的绅士，回到他位于海边的故乡，回味与艾米堕入爱河的情境（"春天之际，一位少年的幻想转化为对爱情的朦胧思念"），接着这位少年被心爱的女子拒绝，因为这位女子的父母已为她相中了一位更适合的男子（"啊，我的艾米，你不再属于我了！啊，沉闷啊，沉闷的高沼地！啊，荒凉啊，荒凉的海滩！"）。丁尼生接着将年轻时爱情的乐观与19世纪早期的社会乐观主义联系起来（"男人们，我的兄弟们，工人们，永远在收获新的事物"），同时，也掺杂了质疑与失望的情绪，并渴望《夏季伊甸园》（*Summer isles of Eden*）中所描述的世界，在伊甸园中，"我想会更加享受，比思维的探索更加享受，比在撼动变革人类的蒸汽时代、铁路时代以及启蒙思潮时代更加享受"。最后，他还是选择乐观、选择进步，对铁路的出现表示认可："远处的灯塔并非无用。

前进吧，前进让我们避免原地踏步，让这个伟大的世界在这
代表变革的环形槽中不断旋转直上吧。"

　　作为社会经济改变的一部分，男女的社会地位与角色也被重
新定义。尽管在工业革命以前的时代，家庭通常一起在田地或家
庭作坊中工作，如今男性去城市中工作，而他们的妻子则在家打
理琐事或照顾孩子（尽管直到 19 世纪晚期，还是有许多女性在工
厂中工作）。维多利亚时代的价值观重视工作的重要性（其重要
性甚至超过了才能）以及核心家庭的稳定与团结。浪漫的婚姻成
为常态，家庭规模变得越来越小。

　　19 世纪的大部分时期内，中产阶级规范与维多利亚时代的价
值观主导着英国社会，维护了英国的相对稳定与繁荣。然而，正
如狄更斯、恩格斯以及浪漫主义诗人在作品中描绘的那般，在这
稳定与繁荣的表面下，不满与矛盾不断高涨。正是在欧洲大陆，
而非英国，法国大革命释放了许多矛盾，工业革命也由此到了危
急时刻。

第四章
1848 年革命

在欧洲，1848 年有时也被称为人民之春（the People's Spring），因为在短短数月，人民起义与革命在整个欧洲大陆范围内爆发。这些人民起义首先在法国爆发，但影响了除英国与俄国以外的其他所有欧洲国家。在法国、奥地利、匈牙利、波西米亚、德国、意大利以及欧洲其他国家，人民推翻君主、提出宪法或者宣布国家独立。这场范围如此之广的人民起义，在欧洲历史上都是前所未有的。然而，1848 年所发生的所有革命都以失败告终，大部分革命成果在数年内被废除。但是 1848 年革命进一步宣扬了 1789 年法国大革命所播下的民主与民族主义种子。

与其他所有革命一样，1848 年人民起义既有长期因素，也有短期因素。启蒙运动提出了个人主义、人权以及人民主权的思想，为 1848 年革命奠定了基础。文学与艺术领域的浪漫主义运动也强调个人与个人主义，并增添了英雄主义与英雄拼搏的观念。工业革命孕育并调动了许多社会经济力量，包括新兴中产阶级与无产阶级的自信心不断增强，这两大阶级都对旧制度的社会经济结构非常不满意。这些改变相互交织与共同作用，而社会与政治精英却坚持传统。正如我们所见，拿破仑败北后，在 1815 年以后的时期中，欧洲君主试图将革命的精灵重新封在瓶子之中。然而，变革的力量难以被扼制。19 世纪 20 年代，民族独立运动在比利时（反对荷兰殖民统治）和希腊（反对土耳其殖民统治）如火如荼地进行。1830 年，巴黎人民再次在街头爆发起义革命。1845 年以后的数年，爱尔兰爆发马铃薯大饥荒（Great Potato Famine），使原有的矛盾进一步激化，引发了欧洲大陆范围内的经济衰退。然而，1848 年法国另外一场革命犹如一把火，让局势一触即发。

1815 年后的欧洲：叛乱与起义

拿破仑滑铁卢战役失败后，欧洲各国君主于 1815 年齐聚维也纳，依照 1789 年的旧版图，重新对欧洲的势力范围进行划分与组合，即便做了一些改变，但整体还是依旧。一个由 39 个独立邦组成的新德意志邦联建立，取代了先前的邦联以及神圣罗马帝国（Holy Roman Empire）[1]。奥地利控制着意大利北部的大部分地区。同时，1815 年维也纳会议确定俄国拥有对芬兰、立陶宛与波兰东部的控制权，由此，一个独立的波兰王国得以成立——"俄属波兰"（"Congress Poland"），俄国沙皇担任该王国的国王。而拿破仑所创建的所有独立共和国政体，无一存活，均被废除。正如俄国沙皇亚历山大（Alexander）在那时所说："共和政体已经过时。"[2]

从该时期的欧洲地图来看，欧洲大陆充斥着民族国家（nation-states）、帝国、公国以及迷你国。那时，葡萄牙、西班牙、法国与英国或多或少都是统一的民族国家，但是欧洲其他国家，每一个国家拥有它们如今的民族国家版图。如今的"德国",在那时还没有成立,而欧洲中部被分为数个小中型国家,包括巴伐利亚和普鲁士,这些国家大部分人都是德国人。哈布斯堡家族的奥地利帝国是一个多语种国家,该国中既有德国人,也有匈牙利人,还有斯拉夫人。意大利人则分散在不同的王国、公国与教宗国。奥斯曼帝国控制着欧洲东南部,此外,俄国也是一个多民族帝国,其国民主要有芬兰人、波兰人以及乌克兰人,还有来自其他数百个小民族的人。

欧洲所有主要国家都被君主所控制,政体形式各有不同,包括英国的君主立宪制,以及俄国的专制君主制。拿破仑败北后,战胜国(英国、俄国、奥地利以及普鲁士)成立了四国同盟(Quadruple Alliance),以协调各方保守势力,镇压任何新抬头的波拿巴主义或新爆发的革命。1818 年法国加入四国同盟后,四国同盟成为一种欧洲协调制度(concert system)。作为哈布斯堡君主国的首席大臣,克莱门斯·冯·梅特涅(Clemens von Metternich)亲王是欧洲的保守主义巨擘,也是欧洲协调机制(Concert of Europe)背后的推手。19 世纪 20 年代,梅特涅多次组织欧洲领导人之间的会议,讨论干预欧洲大陆上的政治动乱,这一同盟在 19 世纪 20 年代早期也对意大利与西班牙的局势进行干预,并镇压民族主义者以及自由起义。

19 世纪早期的自由主义与民族主义

反抗这些保守主义势力是自由主义与民族主义的凝聚力所在,这两大主义皆源于启蒙运动与法国大革命。事实上,当时存在两大独立且相互关联的自由主义思潮：政治自由主义与经济自由主义。政治自由主义源于洛克、卢梭以及其他思想家的启蒙思想，他们倡导由人民统一意志力组建的政府以及主张人民主权、立宪主义（比如，政府的权力受宪法约束）以及对不同观点的包容与容忍等主要原则。尽管他们大部分人接受有限的君主权力，但他们提倡弘扬个人权利、尊重私有财产、主张法制与强大的议会。19世纪自由主义的标杆就是英国哲学家约翰·斯图尔特·穆勒（John Stuart Mill），他在其论文《论自由》（1859）中提出，如果一个人妨碍他人的自由，那么他自己的自由也会受限，具体表述如下："对文明社会的任何成员，违背他的意愿而正当行使权利的唯一目的，是防止他对其他人造成伤害。"

经济自由主义与启蒙运动中的私有财产思想有关，但直接源于亚当·斯密的《国富论》与大卫·李嘉图的《政治经济学原理》（*Principles of Political Economy*）。两者皆强调自由经济、市场这只看不见的手以及自由贸易。如政治自由主义者一般，经济自由主义者希望限制政府的权力，尤其是限制政府对经济的干预与调控。他们主张废除旧时代的重商体制，因为在该体制下，政府控制着几乎所有的对外贸易。同时，他们也希望废除保护主义关税（tarrifs），以及减少政府的控制与调控，因为这样会限制或阻碍商业与工业活动。

尽管各自侧重点不同，但政治自由主义者与经济自由主义者在很多方面都有共识。例如，约翰·斯图尔特·穆勒需要在确保雇主与雇员以及工会之间权力平衡的前提下，捍卫自由主义经济。19世纪,两种形式的自由主义随着中产阶级的快速涌现而变得更加强大。中产阶级在政治与经济领域主张拥有更多的权力与影响力。

19 世纪的欧洲,与自由主义息息相关的另外一种社会动力便是民族主义。民族主义的最终目标是创建统一的民族国家,国家内的公民拥护该民族(人民)以及国家(政治社区)。民族国家这一理念在欧洲乃至全世界相对而言是一种新事物。16 世纪前,大多数政治社区都以家族王朝(世袭制君主制)为基础而建立,少有国民拥护,也没有所谓的民族文化。16 世纪,有权力的君主开始在国内进行统治,并排斥外部的帝王或教皇统治。这些举动与 16 世纪质疑并挑战罗马天主教会至高无上权威的宗教改革运动(Protestant Reformation)同期发生。例如,1534 年的英国,亨利八世想要与阿拉贡的凯瑟琳(Catherine of Aragon)离婚,从而迎娶安妮·博林(Anne Boleyn),他因此而签署了《君主最高权力法令》(*Act of Supremacy*),反对教皇权威,并建立了英国国家教会(Church of England),由亨利八世本人任教宗。这是英国逐渐成为一个民族国家的开端,随后西班牙、法国以及其他国家也相继成立民族国家。

君主通过自上而下的方式组建集权统一的民族国家,有时也被称为公民民族主义(civic nationalism)。人民民族主义(popular nationalism)则指的是通过自下而上的方式组建民族国家,与启蒙运动息息相关,并利用人民革命思想作为变革力量的来源。这种民族主义形式认为拥有共同语言、文化以及身份的人民应该为他们的政治命运负责。这种民族主义形式将全体人民,而不仅仅是精英阶层,视为国家文化的缔造者。1789 年法国大革命期间,这种民粹民主主义非常盛行，且随处可见，当时，人们一头真发见人，拒绝戴假发，同时穿着普通的工装裤，而不是过往的丝质套裤。事实上，普通工人是法国大革命的象征，也被称为"无套裤汉"。

民族主义在政治方面的表现就是人们要求建立以国家为基础的自治政治社区；诚然，民族主义首先威胁着多民族的专制国家，这种国家组织形式在 19 世纪控制着欧洲大部分地区。拿破仑传播了这些思想，甚至在波兰、荷兰以及意大利的部分地区建立了新的民族国家，而大多数这种形式的国家在随后的维也纳会议上均被予以废除。即便如此，民族主义思潮得到了广泛传播，也为后期建立民族国家提供了先例典范。1815 年起义爆发后，意大利民族主义者与革命家朱塞佩·马志尼（Giuseppe Mazzini，1805—1872）进一步传播了民族主义原则。19 世纪 30 年代，马志尼建立了一个名为"青年意大利党"（Young Italy）的秘密组织，致力于推翻意大利的外国统治者，并创建一个统一的意大利国。他宣称："没有教皇，也没有国王，只有上帝与人民。"随后，他为他的秘密组织创立了一个名为"青年欧洲"（Young Europe）的国际分支，在欧洲大陆上培养了一批共谋者，为制定民主宪法制造社会舆论。

1848 年前夕：1830 年法国革命

在 19 世纪 20 年代与 30 年代的起义与革命中，这些自由主义运动与民族主义运动开始融合，范围波及比利时（当时比利时在荷兰的统治下民不聊生）、西班牙以及意大利等国家。然而，1830 年最著名且最成功的革命运动是希腊反抗奥斯曼帝国统治的运动。希腊虽是一个基督教国家，却是穆斯林一家独大，在长期跟穆斯林的抗争中，得到了欧洲其他国家的同情。在欧洲人看来，西方文明也发源于希腊。因此，与其他民族不同，希腊的民族起义得到了欧洲一些君主的支持，并在 1829 年取得了民族独立。（英国浪漫主义诗人拜伦勋爵在希腊民族独立运动中牺牲。）

然而，法国再次经历了这一时期中最重要的起义与革命，即 1830 年七月革命（the July Revolution of 1830）。路易十八复辟波旁王朝后，查理十世（Charles X）于 1824 年继位，之后，他迅速建立了一个更加专制的政体，威胁着 1789 年法国大革命所取得的成果。1830 年立法选举所建立的立法体制，反对并遏制国王的反动行为。7 月，查理十世宣布立法选举无效，宣布群众集会是非法行为，并加强审查制度。随后，群众立马揭竿而起：街道上的路障被移除，工人、学生与学者拥向街头，反抗军队与警察。然而，大多数军队拒绝朝示威者开枪，查理十世不想重蹈其兄长（路易十六于 1793 年被斩首）的覆辙，于是主动退位，并逃往英国。

在物色继位者的过程中，革命分子并未考虑波旁王朝国王的后代，而是将奥尔良公爵（Duke of Orleans）推向了王位。作为一名年轻的公爵，奥尔良公爵曾在 1792 年共和国军队中服役，人们自然也认为他对革命理想感同身受。他取名为路易·菲利普（Louis Philippe），但并未自称为法国的国王，而是法兰西的国王；他也升起了法国大革命的三色旗，而不是波旁王朝的百合旗帜。法国仍是君主制国家，但终结了波旁君主王朝，此时的国王并非世袭，而是由于在起义中立功而被推举上位。

七月革命的消息传播到整个欧洲后，意大利、德国、瑞士、西班牙、葡萄牙、比利时与波兰也相继爆发了类似的起义。这些起义的结果也是喜忧参半。在布鲁塞尔，法国七月革命后一个月内便爆发了起义，人民要求比利时脱离荷兰的统治，最终在次年获得了独立。然而，波兰国内爆发的抗击俄国的民族起义却被残酷镇压。最终，波兰解体，并入俄国，再一次消失在欧洲版图上。尽管如此，1830 年法国七月革命吹响了革命的号角，号角声传遍整个欧洲大陆。1831 年，法国小说家维克多·雨果写道，他已经听到了"革命沉闷的轰响，仍然在地层深处，正在欧洲的每一个王国底下，沿着其地下坑道，从矿场的中心竖井——巴黎——向外涌出"[3]。

1848 年革命

在法国，延续数代的两次革命不断树立并巩固了人民主权的原则，在法国乃至欧洲，该原则的大框架已经形成。因此，当 19 世纪 40 年代法国再次遭受困顿，并再次出现镇压活动时，人们再次选择革命。1846—1847 年的经济危机与粮食短缺加剧了人民的不满与社会动乱。不仅仅是法国，经济危机影响着欧洲每一个国家，马铃薯作物大规模歉收是此次经济危机的一部分原因。马铃薯歉收重创了爱尔兰，引发了大范围的饥荒，该国 100 万人丧生，另有数百万人背井离乡，逃荒至欧洲其他国家。

19 世纪 40 年代，法国的经济衰退还伴随着新一轮的政治镇压。国民议会(Chamber of Deputies)的确在一定程度上制衡了君主路易·菲利普的权力，但是国民议会中每 30 人中只有一人拥有合法投票权，国民议会也逐渐失去了原有的效力。国王坚决反对主张更广范围投票权与其他改革的人民运动。1848年2月的巴黎和平抗议游行中，警察出动，再次封锁街道，也再次爆发了革命。如18年前的查理十世一样，路易·菲利普主动让位，并逃往英国。在巴黎爆发的革命再次在三天之内，推翻了当时的君主。

但是，这一次不止于废黜君主。直到19世纪40年代，法国，尤其是巴黎深处于工业革命的痛苦之中，随后也出现了城镇工人阶级，他们直言不讳，不断提出自己的主张。许多工人坚持要进行一场社会革命以及政治革命，社会主义思潮也在法国和其他国家的各座城市不断流行。1848年1月，马克思与恩格斯的《共产党宣言》掀起了社会主义革命。

附文 4.1
亚当·密茨凯维奇：浪漫主义诗人与革命家

波兰民族诗人亚当·密茨凯维奇（Adam Mickiewicz，1798—1855）将浪漫主义、民族主义与革命紧密联系在一起。他的作品《抒情民谣与传奇故事》（*Balady I romance*，1822）让他第一次进入世人眼中，并开创了波兰文学史上的浪漫主义时代。他的史诗级诗歌巨作《塔杜斯先生》（*Pan Tadeusz*）传递一种怀旧情感，描述了乡绅社会末期以及瓦解乡绅制度的力量。在其戏剧《先人祭》（*Dziady*）中，密茨凯维奇通过体现基督教主题的苦难与救赎，将波兰视为欧洲国家中的救世主。在这部戏剧以及其他作品中，他歌颂反抗。这些浪漫主义的观点以及他笔下作为"基督教国度"的波兰鼓舞着后世的波兰民族主义者。

密茨凯维奇是一位政治积极分子，也是一位杰出的作家。作为一名年轻作家，他仰慕伏尔泰与其他启蒙哲学家。他见证了（并且钦佩）拿破仑军队在 1812 年东征俄国时来到他的家乡。他加入爱国文学社后，被逮捕并被驱逐出波兰。最终，他搬至巴黎。1830 年，他试图回到波兰，支持抗击俄国的民族起义，但最终未能如愿以偿。1848 年革命期间，他前往意大利组织那里的波兰军队，支持意大利人脱离奥地利的统治。他为军队提出了一系列原则，与启蒙运动思想相呼应：

"一个国家中，每一个人都是国民，所有国民在法律面前一律平等……于犹太人，我们的兄弟，尊重他们，并帮助他们获得永恒的福祉与平等的权利……于每一个家庭，给予其一块由社区管理的土地。于每一个社区，给予其一块由国家管理的公共土地。"[4]

1848 年革命最终以失败告终，密茨凯维奇回到巴黎。1855 年，他加入了另外一次革命，虽然失败，但也壮烈。他去了君士坦丁堡，与当地的一支波兰军队一道在克里米亚战争中对抗俄国。他在君士坦丁堡感染霍乱，并在那里逝世。他的遗体被运回法国，随后，在 1890 年，他的遗体运回波兰，并与波兰国王一同葬入位于克拉科夫的瓦维尔主教座堂。

在巴黎，临时政府已经成立了数个民族工厂，为失业者提供就业岗位，这些工厂如今也成为工人们要求改善工作条件的地方。4月，选举产生了一个基于男性投票权的国民会议，但新一届的国民会议整体而言还是非常保守的。6月，国民会议决定关闭工厂，于是工人们走上街头游行示威。他们冲进国民议会，要求解散国民会议，建立他们自己的临时政府，呼吁社会革命，并作为单纯政治革命的重要补充。然而，军队与警察却站在了当时政府那一边，恢复了制宪议会，并立即宣布军事管制。随后，巴黎深陷一场暴烈的阶级战争，整个巴黎市中，武装工人越过街道上的封锁路障，与士兵们血拼。在充满血光的六月革命中（6月24日至26日），数千人丧生，11000名起义者被监禁或流放。社会主义革命虽然已被镇压，6月的革命事件却震慑了欧洲各国政府。

如同1789年与1830年革命一般，法国1848年革命的成果是短暂的，并且很快就被废除了。六月革命后，制宪议会开始为新的共和国制定宪法，并呼吁人民选举产生一位总统。其中一位候选者便是拿破仑大帝的侄子路易 - 拿破仑·波拿巴（Louis-Napoleon Bonaparte）。他宣称自己是广大人民的朋友，同时也承诺恢复社会秩序，这在夏天的悲惨起义后对人民来说非常有吸引力。1848年12月，他在选举中大获全胜。然而，如他叔叔一般，他上位后立刻镇压将他推向统治者地位的民主制度。1851年，他通过一场政变获得了绝对的统治权，并解散了制宪议会；次年，他宣布自己是帝王，并取名为拿破仑三世。法国政治的钟摆再一次指向了镇压与反动活动。

起义波及整个欧洲

巴黎一系列革命事件的影响力跨过了法国边境，波及欧洲其他国家。1848 年和 1849 年，起义相继在奥地利、普鲁士、匈牙利、波西米亚以及意大利的部分地区爆发。其中，这些国家的一些起义中，有些弘扬法国革命中的自由主义与社会主义理念，有些也反映了地主压迫下农民的悲痛或人们的民族主义理想。

最严重、波及范围最广的起义发生在以维也纳为首都的哈布斯堡家族的奥地利帝国。奥地利帝国是欧洲大陆上人口数量仅次于俄国的国家，拥有三大地理区划，分别是奥地利、波西米亚以及匈牙利，拥有许多种族的人民，包括德国人、捷克人、马扎尔人（匈牙利人）、波兰人以及斯洛伐克人，因此整个帝国很容易遭到自由主义与民族主义的冲击。当巴黎二月革命的消息传到维也纳后，维也纳立马爆发了起义。工人与士兵入侵皇室宫殿，逼迫欧洲协调机制的拥护者梅特涅乔装从维也纳逃往英国。随着维也纳政府的倒台，哈布斯堡家族控制下的捷克人、匈牙利人以及意大利人也爆发了民族起义。匈牙利激进的民族主义分子宣布在宪法上脱离奥地利帝国，数月后，将他们的首都从奥地利边境旁的普莱斯堡迁去了中部的布达佩斯。慌张的斐迪南（Ferdinand）皇储准许波西米亚的捷克人拥有自治权。然而，直到秋天，革命运动已经波及广泛，于是斐迪南退位，并让其 18 岁的侄子弗兰西斯·约瑟夫（Francis Joseph）继位，自己则逃离维也纳。

意大利的民族主义者驱散了奥地利的卫戍部队，控制了米兰、托斯卡纳、撒丁岛以及其他地区。威尼斯也宣布自己是独立的共和国。一个彻底的罗马共和国在罗马建立，于是教皇庇护九世逃离梵蒂冈。在普鲁士，维也纳起义爆发的数日后，柏林也发生了人民起义，迫使普鲁士国王承诺颁布宪法。最终，法兰克福国民议会于 5 月成立，旨在团结德国各个地区，从而成立一个统一、自由的民主国家。

压迫与反动

1848 年革命期间，欧洲几乎所有国家都被这场风暴所震撼，只有最自由的英国与最保守的俄国没有受到影响。这几个月内发生了巨大的变化，革命分子、民族主义者以及爱国主义者主张制定宪法，成立代表大会、组建负责任的政府、拓展投票权的覆盖范围、建立陪审团制度以及推行公民的集会权与言论权；同时，慌乱中的政府也允许设立制宪议会、建立独立民族国家，并废除农奴制。

然而，一年内，反动分子重新掌握统治权，革命也就此结束。正如我们所见，随着路易－拿破仑当选为法国总统，法国革命也于 1848 年结束。在奥地利，1848 年 3 月首次起义之后，哈布斯堡君主重掌统治权，并部署军队镇压波西米亚、意大利与匈牙利的叛乱分子。俄国沙皇派遣一万名俄国士兵组成军队，镇压匈牙利的起义。在意大利，法国军队介入，将马志尼与共和主义者赶出罗马，并在梵蒂冈重新恢复教皇统治。

由于内部的争议分歧与外部保守势力的反对，法兰克福国民议会解散。议会由欧洲各个德语区当选代表组成，为实现德国统一而起草了一部宪法。然而，代表们就德国是否应该将德国少数民族领土纳入版图内，以及是否应该纳入奥地利人的问题上意见相左，因为奥地利人所居住的欧洲东部帝国内，大部分居民都是非德国人。最后，议会决定将奥地利人排除在外，并让普鲁士国王成为该统一且纯粹的德意志民族的国王。然而，直到那时，政治的钟摆已由革命指向了反动。普鲁士国王深信在必要时，他可以通过军事武力镇压民族运动，因此，他对外宣称自己不会"接受从排水沟里捡起来的皇冠"——这导致法兰克福国民议会彻底解散，同时也浇灭了 1848 年人民革命的民族主义情绪。

1848 年革命的结果及后世影响

最终，新建立的共和国无一幸免，全都被废除。1848 年革命中所仅存的一些真正意义上的宪法也是在一些小国而已。即便在法国，君主制被废除，但是路易 - 拿破仑立刻镇压帮助其上位的共和国政体，三年内，法国再次回到了专制君主统治的状态。1848 年革命并没有给欧洲任何地方带来自由。

虽然人民起义被镇压，但也确实带来了一些重要改变。不论是对于单个国家还是整个欧洲大陆而言，1848 年在欧洲历史上都是一个重要的分水岭。随着君主制最终被废除以及普选权的永久建立，法国朝着代议制政府又近了一步。德国以及哈布斯堡领土上的庄园制度被彻底废除，清除了最后一丝农奴制的痕迹。普鲁士也建立了一个权力有限的议会。

1848 年革命起义震慑了欧洲各国的君主，有一些君主还主动退位。这些还在位的君主也意识到自由主义、民族主义与社会主义所带来的威胁，其中一些君主在数年内采取措施，缓和导致人民起义的矛盾。俄国新上位的沙皇亚历山大二世（Alexander Ⅱ，1855—1881 年在位）开始了一系列自由化改革，其中最重要的莫过于 1861 年解放农奴。奥地利皇帝弗兰茨·约瑟夫也对自由主义者以及民族主义者做了些许让步与妥协，包括于 1867 年签订《奥匈协议》（Ausgleich），依据该协议，君主承认匈牙利人对自治权的诉求，并建立了奥匈二元君主制度。

最重要的是，革命思想随着 1848 年革命而得以进一步发展。那一年，除了法国国王之外，欧洲所有保守君主的地位都岌岌可危。在这之前，革命在一个国家爆发后，大部分都仅限于该国。但是，直到 1848 年春天，革命的热情感染了比利时人、意大利人、匈牙利人、德国人、波西米亚人、荷兰人与丹麦人。欧洲协调是一种机制，尽管它有机制的优点，即欧洲保守君主们共同商议决定扼杀革命，同时，它也有其弱点，比如，欧洲的部分区域变化，可能会影响欧洲其他区域。对于革命思想也是如此，当时，这些思想也是这样从英国和法国传播至欧洲大陆的其他区域。随着中产阶级规模与影响力的扩大，政府基本自由原则的理念也在不断扩大其影响力。1848 年，民族主义与民族统一的理念并没有转化成现实，但也开始广泛传播。一代人的时间内，这些理念在德国与意大利成功得以实践。社会主义在法国、匈牙利以及其他地方逐渐传播，如今已经被纳入政治议程予以体现。

第五章
马克思、马克思主义与社会主义

　　1848 年不仅见证了人民之春时期的革命浪潮，同时也见证了
《共产党宣言》的诞生。《共产党宣言》由卡尔·马克思与弗里德
里希·恩格斯这两位被流放的德国人所撰写，呼吁一场世界范围内
的工人革命，从而推翻资本主义，建立所有财产归公共所有的社会。
正如前面章节所述，1848 年革命很快以失败告终，而社会主义或
共产主义意识形态仅仅是那年革命中的一个因素。尽管如此，《共
产党宣言》标志着社会主义的诞生，是欧洲政治经济的一股强有
力的新生力量。直到 1883 年马克思去世时，以马克思主义为理
论基础的社会主义正挑战着整个欧洲大陆的政府。1917 年，共产
主义革命在俄国掌权，建立了世界上第一个以马克思主义意识形
态为基础的政府，即苏维埃社会主义共和国联盟（Union of Soviet
Socialist Republics, USSR）或苏联（Soviet Union）。

　　然而，马克思的思想与共产主义意识形态并非 1848 年革命的
产物，这些思想与启蒙运动、法国大革命以及工业革命息息相关。
它们反映了启蒙运动在科学领域、历史进步以及人类条件改善等
方面的信仰。它们受到法国大革命思潮、革命象征以及革命事件

的启发，包括红色旗帜以及"自由、平等与博爱"的革命口号。此外，工业革命既创造了大量的财富，也带来了痛苦和贫穷，为一场革命奠定基础，旨在建立一个物质富裕、充分平等的新社会。

卡尔·马克思

卡尔·马克思出生于1818年普鲁士（现在属于德国领土）的一个中产阶级家庭中。尽管他的父亲在他出生之前就皈依基督教了，卡尔自己也在6岁受洗皈依天主教，但他的父母都是犹太人。他的父亲是位成功的律师，是启蒙运动的一分子，一心帮助康德与伏尔泰，并主张在普鲁士推行宪政。马克思青年时期在特里尔、波恩和柏林接受教育，并于1841年在耶拿获得哲学博士学位。大学期间，尤其是在柏林时，他对哲学家格奥尔格·威廉·弗里德里希·黑格尔（G. W. F. Hegel）的思想以及激进政治思想耳濡目染，后者对他产生了极大的影响。

1842年，马克思担任《莱茵日报》（*Rheinische Zeitung*）的编辑，《莱茵日报》不久以后便成了普鲁士的著名刊物。然而，由于该报言语犀利，普鲁士政府立马将其关停。次年，马克思与其妻子燕妮移居巴黎，为另外一家自由主义出版物工作。那时，巴黎是社会主义思潮与激进主义的中心，同时也是更加激进的理论的中心。马克思在巴黎遇见了弗里德里希·恩格斯，恩格斯是一位出生于德国、定居在曼彻斯特的工业家，并著有《英国工人阶级状况》一书（见第三章）。随后，马克思开始与恩格斯展开了长达40年的合作。然而，普鲁士战胜了法国（注意，两个国家都是保守君主制），马克思在法国仅待了一年半后，便被驱逐出境，随后搬至布鲁塞尔。

《共产党宣言》

1847 年，马克思与恩格斯加入一个名为"共产主义联盟"（Communist League）的秘密组织，该组织旨在"废除基于阶级对立的贵族旧社会，并建立一个没有阶级，没有私有财产的新社会"。他们决定为这一羽翼尚未丰满的组织编写革命纲领，该纲领取名为《共产党宣言》，并于 1848 年 1 月出版。该宣言是一本篇幅为23 页的小册子，供广泛的社会群众传阅。尽管马克思与恩格斯随后编写了数千页的书籍与文章，《共产党宣言》依旧是以最精练的方式阐述马克思主义与共产主义愿景的最佳之作。

《共产党宣言》的开篇与结尾都充满戏剧化。考虑到该宣言出版后数月内发生的一系列重大事件，开篇的论述尤其具有前瞻性，它写道："一个幽灵，共产主义的幽灵，在欧洲游荡。为了对这个幽灵进行神圣的围剿，旧欧洲的一切势力，教皇和沙皇、梅特涅和基佐（Guizot）、法国的激进派和德国的警察，都联合起来了。"在此，马克思提到了欧洲保守主义与旧秩序的捍卫者——神圣同盟（Holy Alliance）、教皇、俄国沙皇与奥地利、法国的保守派首相——以及这些捍卫者的左派非共产主义敌人，还有法国激进分子。然而，1848 年革命是一场游荡在欧洲的革命，而非共产主义运动，在这场革命中，法国第 22 任首相弗朗索瓦·基佐以及哈布斯堡王朝的梅特涅成为首批被赶下台的政客。

《共产党宣言》的第一章开篇就断言"至今一切社会的历史

都是阶级斗争的历史"。紧接着，它继续以概括的方式论述以下主要观念，包括历史唯物主义（historical materialism）、阶级冲突、无产阶级革命，这些观念都是马克思理论的核心内容。马克思与恩格斯认为历史不应被理解为伟人的故事，或各国之间冲突的故事，而应被看作社会阶级以及各阶级间相互斗争的故事。依据马克思理论，社会发展的每一个阶段都充斥着统治阶级与从属阶级之间的斗争与冲突。在资本主义社会中，这些统治阶级就是贵族阶级，包括工厂与资本的所有者，而从属阶级就是在工厂辛勤劳作的无产阶级。随着时间的推移，这些阶级的冲突以革命的方式爆发，无产阶级将推翻贵族阶级，并建立一个人人平等的无阶级社会。《共产党宣言》文末呼吁工人阶级采取行动："让统治阶级在共产主义革命面前发抖吧。无产者在这个革命中失去的只是锁链。他们获得的将是整个世界。全世界无产者，联合起来！"

《共产党宣言》首先在伦敦与德国出版，出版前几周，巴黎与维也纳爆发革命，迫使法国的路易·菲利普与奥地利的斐迪南皇储退位。随着革命运动在奥地利与德国不断高涨，马克思回到普鲁士，开始为一家新成立的自由主义期刊撰写文章，提倡宪政民主。马克思与恩格斯认为法国六月革命证实了革命即将到来。然而，马克思在普鲁士采取的是更加温和的方式。他与恩格斯达成一致，暂时搁置《共产党宣言》所倡导的思想，并代表独立工人候选人，参与法兰克福国民议会，一同拟定宪法，成立一个自由、统一、民主的德国。1848 年夏天保守主义者开始采取镇压行动时，普鲁士国王开始反对一些新成立的民主议会，自此，马克思重新回到了此前的激进态度，呼吁武装反抗当局政府。随着革命浪潮的退去，马克思再次被流放。他回到了巴黎，却再次被驱赶，最终定居伦敦。

参与 1848 年革命是马克思一生中真正的革命行为。接下来的 15 年，马克思大部分时间都在潜心研究，并在伦敦的大英图书馆内撰写文章，如今，图书馆阅读室内的一张他曾经坐过的桌子上还刻有他的名字。这 15 年中，马克思生活贫苦，与他的妻子和四个孩子挤在一间两居室的屋子里。他们一日三餐都是面包与土豆，有一次还因为交不起房租被扫地出门。他有两个孩子不幸夭折。他主要的收入来源就是他的好友恩格斯的救济。然而，他不断丰富充实他的代表作，最终在德国出版《资本论》（*Das Kapital*）。

1864 年，马克思加入总部位于伦敦的国际工人联合会（International Working Men's Association），再次活跃在政治舞台上，该组织经常被称为第一国际（the First International，20 世纪苏联共产党的早期雏形）。第一国际名声不断壮大，会员也不断增多，直到 1869 年，已有 8 万名忠实追随者。然而，由于许多因素的作用，第一国际开始走下坡路，并最终解散。首先，1870 年巴黎革命爆发，随即工人阶级在首都巴黎建立了一个短暂的统治的革命政府，名为"巴黎公社"（Paris Commune），由此，第一国际开始解体。随后，公社成员与凡尔赛政府的军队展开巷战，公社成员处死了人质——巴黎大主教。后来，巴黎公社失败，当局政府处死了约 25000 名巴黎人。马克思与恩格斯认为此次事件是"无产阶级专政"

的首次表现，也是通往共产主义的第一步，并公开支持巴黎公社。然而，第一国际中的许多成员并没有意识到这点，此次事件中所发生的暴力行为让他们毛骨悚然，于是，其中一些人开始放弃武装暴力革命的理念。

另外一个削弱第一国际影响力的因素便是渐进式改革的可能性不断增加。例如，1867年英国改革法案赋予部分城市男性工人阶级以投票权，也给工会更广泛的政治机会。几乎在同一时间，德国社会民主党成立，通过与国家而非被推翻的政府进行合作，以实现社会主义目标。这些渐进式改革趋势让工人们放弃了此前第一国际所倡导的激进式革命。

在其生命中的最后10年，马克思患有他所称的"慢性精神压抑"。他在西欧完全看不到无产阶级革命的可能。他开始期望能够有一场欧洲战争，推翻俄国的专制主义，那时候的俄国是整个欧洲大陆上保守主义与镇压运动最盛行的国家。马克思希望如此一来可以恢复工人阶级的政治力量。（马克思所期望的战争在他去世之后果然爆发了，第一次世界大战推翻了俄国的专制主义，同时，俄国的共产主义者开始执政。）马克思于1883年去世，遗体被埋入伦敦的海格特公墓。在葬礼上，弗里德里希·恩格斯提到了马克思的理论成就，并表示马克思"首先是一位革命家"。同时，恩格斯还说道，"马克思是当代最遭嫉恨和最受污蔑的人"，但同时也是"千百万革命战友最尊敬、爱戴和悼念的人"[1]。他的墓志铭上刻着"全世界的哲学家们都在想方设法解释这个世界，但是问题在于改变世界"。

马克思主义

卡尔·马克思所写的文章实在太多，他的思想丰富且博大精深，因此，要将其著作与思想进行归纳与整合是一件很困难的事。然而，我们很有必要理解马克思主义（Marxism）的基本原理，因为这些原理对欧洲社会主义发展影响深远，甚至是当今，这些原理尽管有些争议，但还是非常重要。

《马克思恩格斯文集》（*Collected Works of Karl Marx and Friedrich Engels*）一共将近 50 卷，并占据了图书馆书架六英尺高度的空间。这些著作中，对于理解马克思理论最重要的书籍当数 1848 年出版的《共产党宣言》，以及《资本论》（该书的第一卷于 1867 年出版，第二卷与第三卷是马克思 1883 年去世后，由恩格斯负责编辑出版）。在其早期著作中，许多都是撰写完成后拖了很多年才出版，正如查尔斯·狄更斯在其小说中批判城市资本主义一样，马克思在初期也对过度的资本主义提出了人道主义批判。然而，马克思后期的著作更加站在历史角度，并采用了更加系统的方式，试图创造一种历史与经济的"科学原理"。马克思希望能够效仿查尔斯·达尔文在自然历史领域一样（达尔文于 1859 年出版了《物种起源》），为人类社会创造一系列的通用理论。的确，马克思曾经也考虑把《资本论》的第一卷献给达尔文。

马克思研究人类社会的科学方法反映了 19 世纪中叶的文学、艺术与哲学趋势。那时，人们逐渐脱离浪漫主义，进而转向现实主义与唯物主义。1848 年革命失败后，马克思提出了一种愿景，该愿景基于现实，而非理想乌托邦。他将其他社会主义愿景称为乌托邦；另外，他的社会主义则是"科学社会主义"。

马克思理论在科学性这一方面的重要组成部分便是历史唯物主义。马克思指出所有事物的物质基础，其中就包括历史发展。他认为，通过认清社会的"生产资料"（means of production），即到底是什么产生了物质价值，我们便能理解历史，以及我们所处的特定历史阶段。因此，在主要以农业为基础的封建社会中，土地就是生产资料，是生产农业产品的因素。而在资本主义社会，则是生产物质产品的资本，它以工厂的形式呈现。每一个社会中，生产资料的所有者几乎主导着社会的方方面面，并构成了该社会阶级结构的基础。在封建社会中，生产资料的所有者是地主（通常是贵族）；而在资本主义社会中，资产阶级是生产资料的所有者，而无产阶级是在他们工厂工作的群体，是这个社会的从属阶级。

这些物质与经济关系构成了社会基础或次结构（substructure），而社会的其他结构则基于此得以建立。经济生产资料决定社会统治阶级，而统治阶级控制着社会的经济、政治体系、社会关系与社会文化，所有的这一切都是社会次结构的一部分。正如马克思在《政治经济学批判》（1859）一书中所说：

物质生活的生产方式制约着整个社会生活、政治生活和精神生活的过程。不是人们的意识决定人们的存在，相反，是人们的社会存在决定人们的意识。

因此，甚至是人类意识与人性都是次结构的一部分，因此，这些都是可变的；当次结构发生变化时，次结构中的所有方面都会相应发生改变，包括人类意识以及人性的观念。宗教也是次结构中的一部分，当然也是统治阶级用来统治下层社会阶级的工具，同时，统治阶级也希望将来能够有一个更好的统治工具。正如马克思所言，宗教是人民的鸦片。

马克思认为所有社会的历史轨迹都是沿着一条事先设定好的道路前进，当统治阶级与从属阶级之间爆发对抗时，便由一个阶段进入另一个阶段。他认为："至今一切社会的历史都是阶级斗争的历史。"所有社会都是从原始公社阶段开始，随后经历奴隶制（奴隶主是该制度下的统治阶级）、封建社会、资本主义社会，最终达到共产主义社会，而共产主义社会中将不存在任何阶级。随后，马克思大量的著作都聚焦于资本主义阶段以及资本主义将如何被无产阶级革命推翻，并被共产主义社会所取代。马克思相信这一进程必定会发生，是每个社会都不可避免的。

马克思相信在英国、法国以及德国这些发达的资本主义国家中，资本主义正在走下坡路。他说道，正如此前人类社会所经历的历史阶段一样，资本主义一方面为下一个历史阶段铺平了道路，另一方面又播撒了辩证法（dialectic）[2]进程中自我毁灭的种子。资本主义制度通过工厂与大批量生产，产生了大量的物质产品，若不是它无法做到平均分配，这些产品也足以满足全社会人民的基本生活需求。薪水低微的工人通常无法支付他们所组装的产品。工人所领的工资，仅仅是他们生产的产品的一小部分价值。雇主（资产阶级）将剩下的价值以"剩余价值"的形式收入囊中。由于人们无力购买这些产品，进而导致产品库存的堆积，资本主义社会定期就会遭遇生产过剩的危机，迫使企业家不得不缩减生产规模，并进行裁员。这样会引发两个后果：首先是定期且不断严重的经济危机，其次是随着工资水平不断下降，以及越来越多的工人失业，工人阶级的"贫困化"现象进一步加剧。经济危机与工人阶级贫困化促使无产阶级的阶级意识（class consciousness）觉醒，也让无产阶级认识到，他们从资本主义制度中几乎得不到任何利益。最终，在一次经济萧条中，工人们发动革命，占领工厂，这场革命也取代了资产阶级，并开创了一个新的历史阶段。

附文 5.1
罗伯特·欧文、卡尔·马克思与印第安纳

在《共产党宣言》的第三部分中，马克思与恩格斯批判了社会主义的替代理论，包括"反动社会主义""资产阶级社会主义"以及"批判的空想社会主义"。在最后一部分，他们提到了罗伯特·欧文（Robert Owen，1771—1858），他是第一批空想社会主义者，也是曼彻斯特与苏格兰第一批棉纺工商业巨头。欧文对磨坊中工人，尤其是童工的工作条件感到颇为震惊。当他收购苏格兰新拉纳克的四家纺织工厂后，就试着为其雇员创造一个模范社区，禁止雇佣童工，缩减工作时间，建立社区学校，提供住房补贴，以及开设工厂小卖部。欧文认为（马克思后期也如此）一个人所处的环境影响着他

（她）的性格，因此，为了培育良好性格的人以及营造一个好的社会，必须创造良好的环境。

欧文不断激进的思想，包括他对宗教的负面看法，使他在英国显得格格不入，因此，1825年，他在印第安纳州南部购置土地，建立了一个社区，取名为"新和谐村"。他相信他的乌托邦在新世界国家中，比在旧制度国家中更容易实现，新和谐村也将催生出其他类似的社区。该社区基于合作劳动、公社抚育孩子、提供免费教育与医疗服务。由于内部分歧、资金困难以及大批机会主义者和攀附权贵者，这一尝试很快就以失败告终。五年内，欧文放弃了新和谐村，并回到英国继续从事社会改革以及工会发展。

马克思与恩格斯抨击欧文与其他社会主义者的作品为乌托邦式的空想，也认为他们的作品未能充分意识到历史进程与阶级斗争。他们公然批判欧文在新拉纳克与新和谐村的尝试是"袖珍版的新耶路撒冷"。

共产主义思想

根据马克思理论，当工人拥有生产资料后，整个经济次结构将会瓦解并重组，社会的上层结构也会相应瓦解并重构。社会阶级将会消失。《共产党宣言》说道："代替那存在着阶级和阶级对立的资产阶级旧社会的，将是这样一个联合体，在那里，每个人的自由发展是一切人的自由发展的条件。"没有资产阶级剥削剩余价值的条件下，工人与农民将享受他们所有的劳动成果。社会主义进行大量生产，为整个社会提供充足的物质产品，满足每一个人的需求，同时，在共产主义制度下，所有产品平均分配，可以满足每一个人的基本需求。新社会的管理原则就是"各尽所能、按需分配"：每个人尽其所能为社会做贡献，并获得他所需要的一切。

也许有人会提出异议，认为有些贪婪的人会宣称自己需要比他实际需要更多的物质产品。比如，如果有人需要一艘 50 英尺高的豪华游艇呢？就这一问题，马克思回应说，进入共产主义社会后，人性（作为社会次结构的一部分）也会相应发生改变。尽管资本主义提倡好胜、贪婪的人性（注意，亚当·斯密提出"个人之私心积为社会之公德"的理念），而共产主义将提倡合作与团结的人类价值观。在共产主义社会中，不存在劳动力剥削，同时对人们的工作与劳动予以充分的回报与奖励，工人不会在工作场所去跟别人竞争。马克思与恩格斯认为，一种"新人类"将构建一个新社会。

当社会阶层消失，贫苦、剥削、不满、贪婪与犯罪也将随之消失，社会也将不再需要警察。的确，因为政府仅仅是维系统治阶级的最高权威的工具，如果社会不存在阶级，也就无须设立政府。恩格斯认为，国家也会慢慢"淡出历史舞台"。随着国家的消失，国家边界、国家之间的冲突与战争也会消失。整个地球将演变为工人团结友爱的全球社区。

马克思理论既冷静理性，又在全世界范围内极具感染力与号召力。它的正统与科学吸引着许多学生与学者，同时也符合19世纪进步的道德观，以及现实主义、唯物主义与科学的潮流。对于所有工人而言，马克思理论阐释了他们所遇到的困境，并提出了一个非常吸引人的解决方案。

马克思主义的后续影响

正如我们所见，马克思主义是启蒙运动、资本主义与工业化的反思与产物，它帮助我们更好地理解了历史与人类社会，并指导我们如何研究这些主题。马克思致力于运用科学系统的方法研究人类社会，因此是首批社会科学家之一。尽管现代社会科学家反对他所提出的许多观点，但他的经济决定论（economic determinism，经济决定社会其他方面）在现代社会学、政治学、经济学与其他学科领域都有广泛的影响。

然而，马克思最大的影响当然是在政治领域，而非学术领域。马克思与恩格斯的著作对欧洲的社会主义与社会主义政党发展有着指导意义，尤其在19世纪70年代与80年代尤为如此。尽管社会主义从来没有在北美成为一股主要力量，但它是欧洲的一场强大政治运动，至今也是如此，它以社会主义、民主社会主义以及社会民主政党的形式存在，在欧洲几乎所有国家发挥着重要作用。

自19世纪以来，大部分的社会主义政党都是议会党，它们在其政治体系的法律约束下，制订社会主义方案，实现社会主义相关成果。他们提倡覆盖面广的平等权、社会福利与生产资料公有制，同时拒绝马克思理论中固有的无产阶级革命。严格来说，当时共产主义并不是一个主要的政治因素，甚至连常用的政治词汇都谈不上，直到十月革命将马克思主义付诸实践，这一切才发生改变。

诚然，马克思主义正是在俄国得以立足，也正是以俄国为平台传播至世界其他地方。1905 年前，沙皇独裁统治下的俄国并没有议会或民主政治，因此，任何形式的合法政党都没有生存与发展空间。政治仅仅是以地下、非法或流放的政治组织的形式存在。而第一个俄国马克思主义政党也是由流放至瑞士的俄国人于 1833 年创建。在该政党成立的前 10 年，《资本论》被译为俄语，并引起了俄国激进分子的关注，他们希望改变延续多年的俄国专制体制。马克思主义似乎为俄国的落后提供了解释，并给出了解决方案。

1903 年，弗拉基米尔·列宁（Vladimir Lenin）参加了在布鲁塞尔与伦敦举行的俄国社会民主工党（俄国马克思主义政党）的第二次代表大会，随后立刻成为布尔什维克（多数派）政党的领袖。俄国参与第一次世界大战（World War I），逐渐削弱了俄国的专制统治，以及俄国的整体国力。1917 年，布尔什维克政党夺取了政权。随后，他们建立以马克思主义思想为基础的政府，而列宁也根据俄国的具体国情对马克思主义予以修正。因此，新政府的官方意识形态是马克思列宁主义（Marxism-Leninism）。布尔什维克党成为俄国的共产党，俄罗斯帝国也更名为苏联（苏维埃社会主义共和国联盟）。《共产党宣言》的最后一句话"全世界无产者，联合起来！"被醒目地印在该国报纸的刊头（以及全世界所有的共产党党报）。

第二次世界大战后，共产主义传播至东欧、中国、朝鲜、东南亚以及古巴。同时,共产主义意识形态与模式也在第三世界(Third World) 产生了巨大影响。1883 年, 只有 11 人参加了卡尔·马克思的葬礼, 而到了 20 世纪 60 年代, 有一半的世界人口生活在以马克思主义为基础的国家中。

第六章
达尔文主义与社会达尔文主义

　　《共产党宣言》出版十多年后，英国人查尔斯·达尔文出版了另一部具有革命意义的著作，名为《物种起源》。正如马克思提出了一条人类社会历史与发展的通用理论一般，达尔文提出了所有物种起源与进化的通用理论。他的自然选择（natural selection）进化论基于他自己广泛收集的证据，给生物学以及科学带来了革命性变革，促进了社会科学的发展。进化论直接挑战了那时的重要宗教思想，包括对《圣经》创世故事与自然神学的字面解释，以及上帝创造自然的传统说法。达尔文主义质疑人类的本性以及对于宗教至关重要的信仰。最终，随着达尔文主义为世人所接受，它也给宗教与神学带来了巨大改变。

　　如马克思主义一般，达尔文主义是它所处时代与地点的产物。达尔文提倡经验主义与科学，反映了科学革命与启蒙运动。他深受亚当·斯密与托马斯·马尔萨斯思想的影响。那时，地质学与古生物学对地球的年龄提出了疑问，其中一些近期收集的线索与提出的理论对达尔文产生了影响。同时，达尔文自己还是维多利亚时代中产阶级出身，这个阶级强调纪律与辛勤工作的美德，但也经常责怪穷人要为他们自己所处的生活环境负责。

达尔文研究物种起源催生了另外一套名为"社会达尔文主义"（social Darwinsim）的理论。该理论受到了赫伯特·斯宾塞（Herbert Spencer, 1820—1903）的推崇，斯宾塞提出了"物竞天择、适者生存"的说法，在他的推崇下，社会达尔文主义将达尔文的物种进化理论，用以描述社会以及特定群体、种族与民族的"进化"。然而，与以专业描述为主的达尔文主义不同，社会达尔文主义包含了一个指定的领域（社会），并以最原始的形式呼吁政府废除所有救济穷人、弱者或"下层人士"的政策，如此一来，这些穷人会依据适者生存的原则自然被淘汰。在接下的数十年，这些理念得到了军事主义、种族主义、帝国主义（imperialism）以及如病毒般传播的民族主义的支持。

查尔斯·达尔文

查尔斯·达尔文出生于 1809 年的英国，他的父亲是一位杰出的医生。他的母亲在他 8 岁时便去世了，但是他仍然拥有一个欢快体面的童年。他的父亲首先送他去大学学习医学，他却因做手术毫无美感可言而对医学产生厌学情绪，随后他去剑桥大学学习神学。他并不是一位特别出色的学生，但也于 1831 年成功毕业。

同年，达尔文受邀在不领薪水的情况下，与"小猎犬号"（HMS Beagle）的船长一同环游世界，该船只考察了南美的东海岸与西海岸，随后又去了太平洋岛屿。整个航行预计持续两年，实际上却长达五年。这些年间，达尔文做了详细的笔记与日记，并将地质与生物标本带回了英国。在航海期间，他还阅读查尔斯·莱尔爵士（Charles Lyell）的《地质学原理》（*Principles of Geology*），该书提出地球特征随着地震、火山爆发、腐蚀以及其他类似地质运动的影响而逐渐发生改变。这在当时是一个具有争议的理论，它代表着地质进化主义，但是在达尔文的探索中，他逐渐发现了能够证实莱尔理论的证据。他基于自己的观察与收集的证据，写了三本关于南美地质情况的著作，让他即便在航海期间也是小有名气。

回到英国后，他（在罗列了婚姻的好处与坏处后）向他的堂妹求婚，跟她完婚后，搬到了离伦敦 16 英里的道恩村，并一共育有 11 个孩子。他的父亲给他留下了许多财产，给了他一个舒适的生活环境，因此达尔文能够在往后的人生里，毫无生活压力地阅读与写作。

在"小猎犬号"上，达尔文已经开始形成物种进化的思想，并在航海结束后的几年内，把这些想法记在了自己的笔记本上。然而，他并没有将这些想法公布于众，因为这些思想不仅在科学上很激进，同时很可能会让他吃官司，因为根据英国法律，他将被判亵渎神明罪以及煽动叛乱言论罪。那时，英国在宗教与政治上，都还处于一个非常保守的时期，主要还是因为法国与欧洲其他国家所爆发的大规模革命运动。当时，人们认为自然世界中，是上帝的精神创造了新的动植物物种。

但是，达尔文收集的证据与当时人们的观念相冲突。1838 年，达尔文看了马尔萨斯的《人口论》，该书认为，由于人口成倍数增长，而粮食产量增长滞后，由此，周期性出现的贫苦与疾病将抑制人口增长。达尔文意识到在生存的挣扎中，"有利的变异往往会保存下来，而不利的变异往往会遭到淘汰"；基于这一思想，达尔文形成了自然选择的理念。

最终，1859 年，达尔文的自然选择有机进化论，在其名为《论依据自然选择即在生存斗争中保存优族的物种起源》（*On the Origin of Species by Means of Natural Selection, or the Preservation of Favoured Races in the Struggle for Life*）的书籍中提出。该书首版一经面市就立即售罄。他所收集的证据与提出的论点首先遭到了人们的质疑，质疑者甚至还包括许多科学家，同时，还遭到了教会的强烈反对。尽管后来许多人都将达尔文的动植物进化理论应用于人类进化，但达尔文并未直接在《物种起源》一书中阐释人类进化，但该理论还是与人们对于《圣经》，尤其是《创世记》的理解产生矛盾。之后，达尔文在 1871 年出版的《人类起源》（*The Descent of Man*）中证实了人类进化这一猜想。此外，这本书还拓展了进化论（evolution theory）的范围，使其包括了道德精神特征与生理特征的获得，同时该书也指出人类与大型类人猿在心理与生理上存在相似之处。

自然选择进化论

根据他对化石以及各类动植物的观察，以及对地球不断演变的认知，达尔文首次断定所有物种都具有变异性，它们能够也的确随着时间的变化而发生变异。所有物种都是由微小的变异进化而来，而这些微小的变化都是来自此前这些物种缓慢的有机进化而产生。进化通过自然选择过程而出现，意味着这些拥有最有用特征的有机物将会存活下来，并将这些特征遗传给它们的下一代。达尔文在每一类物种中都看到了这种生存之争，在局部种群中也存在这种生存之争，如果个体拥有更加适应环境的特征，比如，拥有一个更加尖锐的喙或者更加明亮的颜色，那这种个体将比其他个体更加易于繁殖。随着这些特征遗传给下一代，它们在那个种群占据主导地位，并开始盛行。这些拥有优势特征的个体得以生存与繁殖；而那些不具备这些优势特征的个体将在生存之争中失败，并最终灭亡。

达尔文的理论挑战着现代科学与宗教。尽管其他生物学家已经指出了不同物种之间的竞争与斗争，但是达尔文更加关注同一物种中的生存之争与竞争。当然，这也恰好解释了物种属性的不断变化。尽管有机进化这一理念算不上新颖，但达尔文发现了这种物种进化的证据，也发现了这种进化的发生机制，即自然选择过程。如此一来，人类在动物世界中并非处于优越地位；与其他物种相比，人类以不同的方式进化。与哥白尼和伽利略的思想彻底颠覆我们对地球在太阳系中地位的看法一样，达尔文的这些思想都是思考生命（各类生命）的全新方式，并构成了自然科学中真正意义上的科学革命。

达尔文主义与宗教

达尔文主义对宗教，尤其是英国维多利亚时代的保守及原教旨主义的基督教带来了巨大的挑战。然而，它对自然神学也构成了挑战，自然神学是 18 世纪与 19 世纪的主要哲学思潮，它对上帝及其创造物的理解是基于理性，而非《圣经》。由此，那时，自然的美丽、复杂与和谐只能通过上帝的创造来解释。而另一方面，达尔文主义认为包括人类在内的所有物种的创造或塑造，上帝都不曾参与其中。达尔文的进化论与《圣经》的字面解释，尤其是《创世记》中上帝创造亚当与夏娃的故事之间存在极强的不兼容性。况且，自然选择的不可预测性也与自然神学的智能设计论毫不兼容。

附文 6.1
达尔文的雀族与信鸽

　　达尔文在"小猎犬号"上的航行中，花了五周的时间探索加拉帕戈斯群岛（Galapagos Islands），这是一处靠近赤道的野生群岛，位于厄瓜多尔以西 650 英里的地方。他对这些小岛上动植物的数量和种类感到惊讶，并孜孜不倦地把它们进行分类，其中包括"一组最奇异的雀鸟"，由 13 种不同的种类组成，每种都有不同的特征。这些鸟类有着不同形状与大小的喙，达尔文对此特别感兴趣，他在日记里写道："一小群密切相关的鸟类中，竟有如此具有层次性且多样性的结构，人们可能真的会想象，从这处群岛最初鸟类数量稀少的情况来看，有一类物种是出于各种不同目的而形成并不断进化变异的。"

生物学教科书在讨论进化论时，经常展示加拉帕戈斯雀的图片。然而，在加拉帕戈斯这些观察后的数年内，达尔文才开始将自然选择进化论概念化。回到英国后，他开始对动植物育种的想法感兴趣，以及育种家如何通过杂交不同品种来培育新品种，有时甚至是"更优"品种的兰花、玫瑰、草莓以及狗或马。"小猎犬号"航行结束的20年后，他在其位于道恩的家中，开始收集和繁殖鸽子；很快，他就培育了15个品种，包括筋斗鸽、叭鸽、笑鸽、扇尾鸽、凸胸鸽、波兰赛鸽、弯鸽、龙火箭鸽和斯堪达隆信鸽，其中许多品种与其他品种大不相同，似乎是完全不同的品种。然而，它们都与岩鸽相似。

达尔文假设他的所有鸽子品种都是从岩鸽进化而来，并通过物种淘汰过程，排除相互竞争的假设。例如，如果这15个品种在一段时间内并非来自同一个祖先，那么人们会猜测它们是从"七或八个原始种类"繁衍而来，因为只有这个数字方可解释他现有鸽子的多样性。但从历史上看，无论是在野外还是在圈养环境下，都没有证据证实这七八种鸟类的存在。因此，在达尔文看来，它们一定是从一个物种进化而来，要么是通过自然选择，要么是通过育种进行人工选择。

人们很难直接观察到自然选择与进化这一过程，因为如上述的加拉帕戈斯雀一样，物种的变化会持续很长一段时间。但人们可以了解鸽子的繁殖，甚至在一定程度上观察到选择性繁殖的结果。出于这个原因，达尔文以对其鸽子的讨论来揭开《物种起源》的序幕。

在达尔文之前，就已经有人挑战了对《圣经》的字面解释：哥白尼与伽利略的理论将地球移出太阳系的中心，同时，地质学（尤其是莱尔理论）与古生物学中有关地球历史的证据开始传播盛行。然而，进化论被视为对宗教更加严厉的批判，因为它关注人类的属性，这是所有宗教教义的核心元素。直到18世纪中期，欧洲大陆上出现了一些对《圣经》的批判，越来越多的人将一些书籍以及篇章解读为寓言，而非历史故事。

但在法国大革命后的英国，保守派的镇压行为也影响了宗教，原教旨主义在神职人员和民众中仍然占主导地位。《物种起源》发表数年后，在素有保守派神学堡垒的牛津大学内，1.1万名英国国教的神职人员签署了《牛津宣言》，宣称如果《圣经》的任何部分被承认是错误的，整本书可能都会遭受质疑。因此，他们站在《圣经》绝对无误的立场上。当然，这种立场给达尔文进化论这一新学科留下了很小的适应与妥协的空间。

多年来，信仰的人们逐渐接受了进化论的思想，但这一过程是缓慢而痛苦的。直到20世纪，大多数教会和神学家才逐渐同意信仰与科学是两个完全不同但不一定不相兼容的领域，由此，他们也接受了进化论。正如大多数欧洲人一样，越来越多的英国人，将《圣经》的章节，特别是《创世记》视为蕴含真理的故事，但不一定是字面上的真理。直到 20 世纪末（1996），当教皇约翰·保罗二世（Pope John Ⅱ）正式承认进化论"不仅仅是一个假设"时，罗马天主教会才最终接受了进化论。他说，只要坚持只有上帝才能创造人类灵魂，信仰便可以与进化共存。因为达尔文没有提到人类的灵魂，所以在这些话里似乎有和平共处的空间。到了千禧年之初，进化论和创造论之间的冲突在欧洲已不再是主要冲突；只有美国人对进化论仍然普遍持怀疑态度。

社会达尔文主义

查尔斯·达尔文关于生存之争与自然选择的思想只适用于动植物物种的生物进化，但这些概念对某些政治思想家和社会科学家也有一定的吸引力。社会达尔文主义是指试图将达尔文主义进化论应用于描述社会实际（或应有）构成方式的不同思想。一些社会达尔文主义者关注的是社会群体或国家之间的竞争，而不仅仅是个人之间的竞争。同时，大多数人不仅鼓吹适者生存，而且鼓吹只有适者才有生存的权利，因此这一理论不再仅仅是对历史和自然的描述，而是成为政策制定的指导思想。

许多不同的人和意识形态为了他们的目的采纳了达尔文理论。爱尔兰剧作家乔治·萧伯纳（George Bernard Shaw）曾写道，达尔文"有幸取悦所有别有用心之人"。[1]但社会达尔文主义最杰出的倡导者是英国哲学家赫伯特·斯宾塞。其实，斯宾塞在达尔文的《物种起源》出版之前，就已经提出了自己的社会进化论；事实上，达尔文也在自己的著作中借鉴了斯宾塞的理论。在 1852 年出版的一篇文章中，斯宾塞创造了"适者生存"这一说法，达尔文予以采纳，后来又将这一说法融入《物种起源》的章节标题中。

与达尔文一样，斯宾塞受到了托马斯·马尔萨斯的影响。继马尔萨斯之后，斯宾塞认为人口对资源所产生的压力导致了人们之间的生存之争，其中大多数聪明人都在这场斗争中存活下来。斯宾塞认为，这一进程将使人类越来越聪明，社会越来越强大，而现代资本主义是人类进化的顶峰。因此，他反对任何干预这个进化过程和生存斗争的行为，尤其是政府的干预。他反对任何可能救济穷人或弱者的政府政策，包括国家对教育或医疗保健的支持、反贫困计划或国家对住房的调控。斯宾塞认为，没有这样的计划，弱者将会灭亡，而强者将会生存下来，由此，社会将得到整体改善。他承认在这一过程中会有很多痛苦，但他写道："这一过程必须经历，痛苦必须忍受。"在达尔文的《物种起源》出版 8 年前，斯宾塞在《济贫法》一文中，毫不犹豫地写到穷人必须忍受这场斗争的后果：

人们不忍心让寡妇和孤儿在这场生存之争中自生自灭。即便如此，如果我们不将他们视为一个独立的人群，而是将他们与全人类利益联系在一起，这些严酷的死亡则被视为充满了最高的恩惠，同样的恩惠也会使患病父母的孩子早早地被埋葬，并挑出精神低落、精神不正常的人，以及作为流行病受害者的弱者。[2]

斯宾塞是放任经济学和亚当·斯密思想的主要支持者，他还反对政府参与经济活动。随后，他的思想经常被自由资本主义的倡导者采纳并宣传。这在美国尤为如此，由于美国与资本主义同时诞生，同时，个人主义和有限政府的思想根深蒂固。美国工业家安德鲁·卡耐基（Andrew Carnegie）和约翰·戴维森·洛克菲勒（John D. Rockefeller）都是赫伯特·斯宾塞的支持者。洛克菲勒在一个主日学校（又名星期日学校，指英、美诸国在星期日为在工厂做工的青少年进行宗教和识字教育的免费学校）的演讲中说道：

> 大企业的成长不过是一个适者生存的过程。……美国一种名为"月月红"的玫瑰品种色彩夺目、香气浓郁，只有牺牲周围生长的早芽，才能给观赏者带来欢乐。这不是商业上的邪恶倾向，它仅仅是自然法则和上帝法则的产物。[3]

社会达尔文主义与欧洲历史

在经济领域，社会达尔文主义对美国的影响可能要比对欧洲的影响还要大。然而，欧洲许多人也纷纷采纳斯宾塞的思想，支持 19 世纪和 20 世纪欧洲的许多其他运动和哲学思潮，其中，许多运动都有着险恶的动机或产生了灾难性的后果，包括催生了军国主义、种族主义、帝国主义以及优生学（eugenics）。

达尔文和斯宾塞所写的具有影响力的著作，恰好也在 19 世纪下半叶欧洲殖民主义（colonialism）的迅速扩张时期完成并出版。在那个帝国主义时代，欧洲国家于 19 世纪末的几十年内，在南半球，特别是在非洲迅速建立了殖民帝国。这一时期内，英国是最活跃的帝国主义国家，许多英国人宣称种族优越论，为其统治其他文化，特别是非洲文化辩护。据说，英国在非洲的任务是肩负起"白人的责任"，把欧洲的美德、宗教、法律和文明带给相对未开化的种族。这种对种族优越性的主张大多借用社会达尔文主义的语言予以表达。欧洲社会已经处于比非洲社会更"进化"或更发达的阶段，在非洲传播欧洲影响将有助于非洲文化的进化。

从社会达尔文主义所主张的理念到种族至上的观念，再到"净化"的主张，或是消除被视为低人一等的种族群体，跨度并不算远，总体还是存在一定关联性。当然，这些想法中的许多已经存在了很长一段时间，在其他趋势和哲学思想中也有先例，但是达尔文主义给予了它们一定的科学验证与社会权威。例如，一位著名的 19 世纪德国历史学家写道："勇敢的人只有一种存在，代表着一种进化或一种未来；而懦弱的人将会灭亡，并且是理所应当地灭亡。"[4]

这位历史学家的思想与阿道夫·希特勒（Adolf Hitler，1889—1945）的思想存在着相似之处。在后者 1925 年出版的名为《我的奋斗》（*Mein Kampf*）的著作中，希特勒借鉴了生存之争和适者生存的思想，为种族纯化提供了一个准科学的理由，这成为纳粹运动的核心信条。希特勒反对"不完全处于同一水平"的人之间的"结合"，他间接地借鉴了达尔文和斯宾塞的思想，并写道：

大自然并不希望弱者与强者交配，她更不希望更高文明的种族与低劣的种族融合，因为如果她这样做了，她在几十万年中繁衍更高文明后代的全部努力，可能会被一次打击而毁掉。[5]

利用这些思想，当希特勒在德国获得政权后，立马要求通过选择性育种来保持雅利安种族的纯洁性，并将非雅利安人从德国消灭。这成为他对犹太人实行种族灭绝的基础，也是他为了解决种族混交和避免由此所导致的种族退化而提出的"最终解决方案"。

也许，将这些令人厌恶的思想和事件归咎于达尔文主义是不公平的，因为它们通常是基于对达尔文理论的曲解，但是达尔文自己偶尔也会显露出一些种族主义倾向，例如，他预见到"在不久的将来……在世界范围内，文明程度较高的种族将消灭数不尽的低等种族"[6]。当然，达尔文并非唯一信奉这些信仰的人，这些信仰当时在英国和欧洲大部分地区都很流行。然而，他关于自然选择和适者生存的理论，加强了欧洲白人统治世界的理论。

达尔文主义的影响

达尔文主义改变了科学、宗教、社会以及我们对自己身为人类的看法。它最大的影响还是在科学领域。达尔文的自然选择和进化论构成了一场科学革命，其影响相当于伽利略、哥白尼、牛顿以及后来的爱因斯坦所引发的科学革命。事实上，一位现代科学家奈尔·德葛拉司·泰森（Neil deGrasse Tyson）称达尔文的思想是"科学史上最具革命性的概念"。[7]达尔文对进化论的证据非常具有说服力，由此，该理论最终被几乎所有的科学家所接受，而进化至今仍是生物科学的基础。不过，达尔文对科学的影响不仅仅限于生物学。

他的著作激发了一种观点，即科学方法可以应用于人类研究，以及自然现象的研究（马克思的著作也是如此），从而催生了下列社会科学的出现：人种学、经济学、社会学、人类学、心理学和政治学。

达尔文的著作和他的理论将科学与信仰以及宗教分离开来；科学和宗教并非水火不相容，但它们解决的问题有所不同。在达尔文之前，包括诸多科学家在内的大多数人，都是主要从宗教角度看待人类起源和人性问题。因此，达尔文主义是欧洲社会逐渐世俗化的又一步，为此，许多教会和信仰者坚决抵制达尔文主义。不过，随着时间的推移，大多数教会和大多数人也开始接受进化论。在发达国家中，只有美国有相当一部分人继续反对进化论。这一过程中，教会和神学也发生了变化，它们放弃了对《旧约》的字面解释，开始逐渐适应或融合进化论和其他现代科学发现。由此，在我们对自己作为人类、我们作为一个物种的发展、我们与环境之间关系以及我们在宇宙中的地位等所有核心宗教问题的认知理解领域，爆发了一场革命。因此，达尔文主义也给宗教带来了改变，考虑到达尔文主义将科学与宗教分离，如今又引发宗教产生变化，这显得有点矛盾。

附文 6.2

西格蒙德·弗洛伊德：心理学与文明

卡尔·马克思和查尔斯·达尔文在社会或物种发展和进化领域，都提出了科学的理论，同时，两者皆认为宗教思想是不科学的。维也纳医生西格蒙德·弗洛伊德（Sigmund Freud，1856—1939）延续了这一传统，利用观察和实验建立了一门新的人类心理科学以及治疗神经症的方法，他称为精神分析。像达尔文一样，他在许多方面都极具天赋，他利用许多学科来建立自己的思想和理论。弗洛伊德在解释人类行为时，强调了无意识和非理性的影响，这一理论挑战了当代对理性和认知过程的推崇。他的作品彻底改变了我们对人类行为动机和来源的思考，并提出了一种新的精神疾病和焦虑疗法，称为"谈话疗法"。他的许多思想和观念在西方思想中已成为主流，包括俄狄浦斯情结、梦境分析、性压抑、快乐原则（起初叫不快乐原则）、移情，以及心灵对本我、自我和超我的划分。

弗洛伊德用马克思和达尔文的语言来思考文明的发展和未来，特别是在第一次世界大战的灾难之后，尤为如此。他驳斥了宗教在人类进化中的地位，认为"宗教是个体文明人从童年到成熟所必须经历的神经症的反作用"。[8] 他接受了马克思有关经济因素对个人和社会塑造作用的观点，但认为马克思忽略了重要的心理因素。他在《文明及其不满》一书中指出，文明的未来将在厄洛斯（爱欲）和塔那托斯（死亡）之间的斗争中展开。厄洛斯的目的是"将单个人类个体，以及之后的家庭、种族、民族和国家，结合成一个伟大的统一体，即人类的统一体"，但这被死亡本能所抵消。所以，文明的进化将是：

　　"厄洛斯与塔那托斯之间的斗争，生命本能与毁灭本能之间的斗争，正如它在人类中的表现一样。这种斗争是所有生命的本质组成部分，因此，文明的进化可以简单地描述为人类物种的生命斗争。"[9]

　　正如我们所知，达尔文主义也带来了一些负面影响。社会达尔文主义的分支被用来为帝国主义、种族主义以及种族大屠杀辩护。如今，社会达尔文主义在很大程度上是不可信的，至少在欧洲是这样，但它仍然存在于一些保守主义的学说中，这些学说主张适者生存的观点，反对政府代表穷人、弱者或病人进行任何干预。

　　把达尔文主义与马克思主义进行比较是很有意思的，因为两者都试图发展科学的人类发展理论，这些理论在各自的应用上都是全面而普遍的。的确，弗里德里希·恩格斯在马克思墓前的悼词中同时提及了这两个人，他说道："正如达尔文发现了有机自然的发展规律，马克思也发现了人类历史的发展规律。"[10]这两个人对欧洲社会和世界历史的发展都产生了巨大的影响。然而，即便达尔文的权威有限，但就当代影响力而言，达尔文理论的影响力似乎更为长久。1882 年他去世时，英国议会的一份请愿书，让他得以葬入威斯敏斯特大教堂，这无疑是一份崇高的殊荣。作为一位优生学的教授与先驱，达尔文的堂弟弗朗西斯·高尔顿（Francis Galton）爵士在他的葬礼上建议用更能彰显"进化"理念的窗户来代替威斯敏斯特大教堂宏伟的"创世窗口"（象征着上帝创造一切）。然而，他的意见没有被采纳。

第七章
意大利与德国的统一

19世纪60年代，随着意大利和德国的统一，中欧出现了两个重要的新国家。大约在内战考验美利坚合众国统一的同时，欧洲的政治家们正在利用战争和公民民族主义，从一个由不同政治单位组成的国家中建立强大的新民族国家。正如我们在第四章所知，1848年革命释放了民族主义和自由主义的力量，但是这些力量被保守派的镇压和专制统治的重建所遏制和逆转。1848年，民族主义在街头大行其道，这威胁和恫吓了欧洲的保守势力集团。但即使在该集团内部，也有人支持建立统一的中央集权国家。在人民革命10年后，德国和意大利的强大人物利用现代战争技术，创建了民族国家。德国和意大利的统一改变了欧洲的面貌和力量平衡。1870年，由俾斯麦领导的德国统一战争结束后，德国成为欧洲最大同时也是最强的国家。

民族主义与民族国家

正如我们在第四章中所知，16世纪，作为一个会集了大多数同一国籍人的政治单位，民族国家开始在欧洲出现，但这是一个缓慢的进程。1860 年以前，欧洲只有英格兰和法国两个主要的民族国家。尽管还存在其他如葡萄牙、荷兰和斯堪的纳维亚等民族国家，但这些国家大多是面积狭小的周边国家。在中欧，大多数政治单位都是迷你国，如汉诺威、巴伐利亚、托斯卡纳和西西里。从 16 世纪开始，强大的君主开始通过打破地方领主的权力和巩固政府的权力来建立强大的民族国家。1789 年法国大革命后，人民民族主义成为民族团结、民族独立和创建民族国家的另外一股力量。

一个国家的整体概念是相对较新的，部分源于人民主权与文化传播的启蒙思想，而这些思想也是伴随着工业革命与城市化进程而出现的。一个民族（nation）是一群具有共同文化、共同认同感以及共同政治抱负的人所组成的政治社区。文化层面包括语言、宗教、民族、传统、习俗和历史。然而，这些共同的特征还不足以构成一个国家，还需要认同和抱负等心理（或社会心理）因素：一个民族必须感受到这些共同的纽带，方能成为一个民族。

19 世纪，艺术家、作家、音乐家和语言学家在几乎所有的民族文化中，培育出了这种民族认同感。例如，在当时属于俄罗斯帝国一部分的波兰，浪漫主义爱国诗人亚当·密茨凯维奇（见第四章附文介绍）创作了一部名为《潘·塔德乌斯》（*Pan Tadeusz*，1834）的史诗，描绘了一个田园诗般的祥和社会。在这部史诗的结尾，年轻人穿着驻扎在波兰的拿破仑军队的制服，宣布农民是自由公民。芬兰民族史诗《卡列瓦拉》（*Kalevala*）是 19 世纪首次出版的民间故事和诗歌汇编，当时芬兰由瑞典和俄国统治。与欧洲大陆其他许多文学作品一样，这些文学作品定义了民族群体，给他们一种认同感和自豪感。音乐家也做出了相应的贡献，他们将民间曲调和民族主题编入了自己的作品中；例如，波兰作曲家弗雷德里克·肖邦所创作的玛祖卡舞曲和波罗乃兹舞曲，以及芬兰人让·西贝柳斯（Jean Sibelius）的民族主义交响诗《芬兰颂》（*Finlandia*）。与此同时，语言学家开始编纂多种语言的词典和语法，其中许多是 19 世纪第一次以书面形式出现的。随着少数民族开始接触与学习文学、艺术和音乐遗产，以及书面语言，他们越来越认识到自己的共同身份，这形成了他们对自己的政治社区的愿望。这就是民族主义。

当民族主义在多民族国家或帝国（如奥斯曼帝国、俄罗斯帝国或奥匈帝国）兴起时，民族团体通常希望脱离由其他民族（如土耳其人、俄罗斯人或德国人）为主导的大帝国的统治。这种民族分离主义（separatism）对帝国的生存构成威胁，因此也自然而然地遭到帝国统治者的抵制。民族主义导致奥斯曼帝国于 19 世纪解体，而希腊、塞尔维亚、保加利亚和罗马尼亚等新民族国家从帝国中崛起。它在整个 19 世纪也搅乱了俄罗斯帝国的统治（尤其是俄国在波兰的统治），并在 1848 年几乎推翻了奥匈帝国。

附文 7.1
威尔第与意大利独立

伟大的意大利作曲家朱塞佩·威尔第（Giuseppe Verdi）创作了带有民族主义主题的歌剧 [包括他著名的代表作《阿

伊达》（*Aida*）]，这使得许多人认为他是意大利独立和统一斗争的音乐领袖。在他的第三部歌剧《纳布科》（*Nabucco*，1842）中，希伯来人以合唱哀叹他们在巴比伦被俘虏的情景，对于奥地利统治下的意大利人来说，含蓄地表达了他们对自由的渴望。威尔第的名字甚至是当时撒丁岛国王维克托·埃曼纽尔（Victor Emmanuel）领导意大利的拥护者的一种代号——Vittorio Emmanuele Re D'Italia [首字母 V、E、R、D、I 组合后便是威尔第的名字（Verdi），意为"意大利国王维克托·埃曼纽尔"]。1861 年，维克托·埃曼纽尔成为意大利国王，威尔第本人也被选为新成立的众议院议员。

1848 年的人民起义，有时带有社会主义色彩，恫吓了欧洲的统治者和贵族，甚至新的中产阶级。然而，民族主义的潮流也在中上层阶级中激荡。这种民族主义通常采取一种非常不同的形式，称为不统一主义，这是对另一个国家领土的要求。这种自上而下的民族主义，被国家领导人用来提出不容置疑的主张，促进了德国和意大利建立统一的国家。

统一的序幕：克里米亚战争

在谈到意大利和德国的统一之前，我们应该简要地提到另一个与这些事件有一定关系的事件——克里米亚战争（1853—1856）。这场战争是以克里米亚半岛命名的，该半岛是俄罗斯帝国伸入黑海的一部分。英法两国在克里米亚半岛发动进攻，协助土耳其抵抗俄国对奥斯曼土耳其领土的主权要求，以及粉碎俄国沙皇为保护奥斯曼帝国基督教臣民所做的努力。撒丁王国也加入了对俄战争，主要是为了争取英法两国对统一意大利的支持。与此相关的是达达尼尔海峡（Dardanelles）的控制问题，达达尼尔海峡是连接黑海和地中海的关键海峡。这场冲突是一场可怕的战壕战，充斥着霍乱和巨大伤亡，预示着半个世纪后爆发的第一次世界大战。这是第一次由报纸记者报道的战争，也是第一次由妇女担任军队护士的战争。战争期间，南丁格尔指挥英国护理机构为伤亡战士提供医护服务，成为传奇人物。

最终，俄国战败导致黑海的中立，欧洲各国进一步对奥斯曼基督教徒进行联合保护，欧洲也向奥斯曼帝国保证，确保其国土完整性。此外，罗马尼亚和塞尔维亚被承认为自治公国，并很快成为独立国家。然而，更重要的是这场战争对欧洲力量平衡的影响。俄国的战败和奥地利的弃权削弱了这两个最有决心维护 1815 年和平协定（《维也纳公约》）与阻止变革的国家。此外，撒丁冈比亚人成功地提出了意大利人对统一的诉求。

马志尼、加富尔与意大利统一

1860 年以前，意大利半岛由十几个大国和一些小国拼凑而成。撒丁岛 [又称皮埃蒙特（Piedmont）] 位于意大利西北部，有着意大利唯一土生土长的王朝。自 1814 年起，伦巴第和威尼斯就是奥地利帝国国土的一部分，托斯卡纳、帕尔马和摩德纳也在该帝国的控制下。在意大利中部，罗马教廷的罗马天主教会控制着一片教皇国家集群。在南部，两西西里王国（那不勒斯和西西里）（the Kingdom of Two Sicilies）由法国波旁王朝的一个分支统治。

1852 年后，撒丁岛时任首相卡米洛·加富尔伯爵（Count Cami-llo di Cavour, 1810—1861）于 1847 年创办了一份报纸，此后，意大利的国家统一运动被称为"复兴"（Risorgimento）。不过，它早就扎根于一些秘密独立协会和朱塞佩·马志尼的青年意大利党运动之中，我们在第四章讨论 1848 年革命时提到了他。马志尼是一个民族主义革命者，他一生大部分时间流亡于法国、瑞士和英国。马志尼宣称，"一个国家是说同一种语言的公民的普遍性的集合"[1]，因此他主张把所有意大利人团结在一个民族国家之内。尽管马志尼赢得了撒丁岛和其他地方一些领导人的支持，但加富尔伯爵对马志尼的革命民族主义并没有多少同情，他更倾向于在自由、君主立宪制下进行一场更为可控的统一运动。

正如我们从第四章中所知，1848 年，意大利各地爆发了人民民族主义运动，威尼斯和罗马宣布成立独立共和国，西西里也发生了反抗波旁王朝的起义。然而，就如在欧洲大陆其他地方一样，这些起义全都遭到了镇压。不过，10 年后，意大利的情况有所不同。撒丁岛因参加克里米亚战争，而赢得了法国和英国的感激与支持。法国的拿破仑三世愿意支持撒丁岛对奥地利的主张，那时，奥地利统治了意大利北部的大部分地区。在拿破仑的支持下，1859 年加富尔对奥地利发动战争。拿破仑三世亲自率领十万大军从法国进入意大利北部，与遭受重创的奥地利作战。最后，托斯卡纳、摩德纳、帕尔马和罗曼尼亚赶走了奥地利统治者，并入撒丁岛。在南部，来自皮埃蒙特的浪漫革命者朱塞佩·加里波第（Giuseppe Garibaldi，1807—1882）（见附文 7.2）率领他的上千名"红衫军"，在西西里和那不勒斯夺取政权。那里的公民投票证实了民众加入撒丁岛的愿望。

附文 7.2
朱塞佩·加里波第：意大利民族主义者与浪漫革命家

意大利统一运动中最重要的军事人物和最受欢迎的英雄，是杰出的冒险家朱塞佩·加里波第。

加里波第出生在法国尼斯（与意大利接壤），主要是自学成才。年轻时，他参加了由马志尼组织的青年意大利党，为意大利人民实现自由和独立而斗争。1834 年，他在皮埃蒙特参加了一场起义，该起义最终夭折，他也被热那亚法庭判处死刑，但他逃到了南美洲，并在那里生活了 12 年。在南美，他在巴西和乌拉圭内战中领导了军事行动，帮助乌拉圭摆脱阿根廷的统治，实现了独立。

1848 年革命期间，他回到意大利，参加了意大利的自由和统一运动，现在这场运动被称为意大利的统一复兴运动。他组织了一个由 3000 名志愿者组成的军团，在伦巴第与奥地利人作战，并支持由马志尼建立的罗马共和国。起义失败后，他损失了大部分兵力，随后便逃离意大利，搬到纽约州的斯塔顿岛，成为一名美国公民，并从事蜡烛制造。

19 世纪 50 年代，加里波第回到意大利，支持迪卡沃和维克托·埃曼纽尔所领导的意大利统一战争。1860 年，他率领一支 1000 人的军队前往西西里，由于他们的制服是红色，因此这支军队被称为"红衫军"，西西里当时由统治那不勒斯的波旁国王所控制。他征服了该岛，建立了临时政府，然后跨过大陆，占领了那不勒斯（它控制了意大利半岛南部的大部分地区）。这是意大利统一领土中的一个关键部分，那不勒斯的征服也使得 1861 年维克托·埃曼纽尔成为意大利王国的国王。不过，加里波第对罗马被排除在王国之外感到不满，并在接下来的几年里多次发动战争，试图将教皇国并入意大利。最终，罗马并入意大利。1874 年，加里波第当选国会议员，并于 1882 年去世。

依据战后所签订的和平协定，奥地利只保留了维尼西亚；教皇仍在罗马统治，但失去了对教皇国的控制，法国占领了萨伏伊和尼斯。但撒丁岛已经赢得了对意大利其他地区的控制权。1861 年 5 月，议员均为意大利人的议会在都灵召开，宣布撒丁岛统治者维克托·埃曼纽尔二世为意大利国王。五年后，奥地利与普鲁士开战，意大利占领了维尼西亚。1870 年，法国忙于普法战争，且自顾不暇，意大利趁机占领了包括罗马在内的其他教皇国，并将教皇的统治权限制在梵蒂冈那数平方英里的国土内。至此，意大利完成了统一。然而，巩固领土只是民族建设进程的一部分。正如一位意大利民族主义者在 1861 年统一议会开幕时所说："既然我们创建了统一的意大利，我们就必须开始创造意大利民族。"[2] 当时，只有少数生活在意大利的人会说从托斯卡纳语演变而来的意大利语。建立一种意大利人的共同认同感，特别是在意大利北部和南部之间的认同感，直到今天，仍是一项巨大的挑战与任务。

俾斯麦与德国统一

德国的统一进程与意大利相似。作为强大的核心国家，普鲁士有一位铁血领导人——奥托·冯·俾斯麦（Otto von Bismarck，1815—1898），他向邻国发动宣战，以巩固普鲁士统治下的其他德国领土。一如在意大利，1848 年失败的革命阻碍了民族团结的第一步。一代人之后，当普鲁士国王和他的铁血首相俾斯麦推动这个进程时，德国终于实现了统一。

俾斯麦出身于普鲁士勃兰登堡的地主阶级（Junker），1862 年被任命为普鲁士首相，那时，普鲁士是德国各邦中最强大的邦国。俾斯麦既不是民族主义者，也不是自由主义者，更不是民主党人，但他想加强普鲁士在德国的地位以及德国在欧洲的地位。他对普鲁士议会说："普鲁士在德国的地位将不是由其自由主义决定的，而是由其权力决定的。……不是通过演讲和多数票（这是 1848 年和 1849 年我们所固有的重大错误认知），而是通过铁和血来决定。"[3] 从这篇"铁和血"的演讲和他实现德国统一的有力行动中，俾斯麦被称为普鲁士的"铁血首相"。

俾斯麦本质上想要成立一个新的德意志联邦，但他想把奥地利排除在外。他通过一系列对丹麦、奥地利和法国的短期决定性战争来实现这一目标，每次都会夺取一部分领土，并阻止这些邻国干涉德国事务。上述战争中，第一次发生在 1864 年，这场战争针对丹麦，在长期存在争议的石勒苏益格和荷尔斯泰因领土上进行。尽管这两个公爵领地并非丹麦的正式领土，但还是由丹麦国王统治。由于大量德国人生活在这两块领地之上，德国民族主义者迫切希望能将石勒苏益格 – 荷尔斯泰因领地从丹麦分离。俾斯麦只是想把它们纳入普鲁士，但石勒苏益格 – 荷尔斯泰因的问题既神秘又复杂。英国首相帕默斯顿勋爵（Lord Palmerston）曾经说过，只有三个人真正理解这个问题：一个人死了；一个人疯了；第三个人便是帕默斯顿自己，而他已经忘记了这个问题。[4]（如果像帕默斯顿这样一位杰出的外交官都无法厘清个中细节，我也不打算在这里试图解释它们了。）无论如何，当丹麦决定合并石勒苏益格时，俾斯麦终于等到了机会。俾斯麦与奥地利结成同盟，两个大国联手后，很快击败了丹麦。普鲁士占领了石勒苏益格，奥地利占领了荷尔斯泰因。

不过，对俾斯麦来说，奥地利是比丹麦更大的目标与敌人。他想在国际社会上孤立奥地利，并将其从德意志联邦中移除，这样普鲁士就可以自由地塑造（并支配）一个北德意志联邦。1866 年，进攻奥地利的机会终于出现，当时奥地利和普鲁士正为控制石勒苏益格 – 荷尔斯泰因而争吵不休。正如我们所知，奥地利在克里米亚战争和意大利统一战争时期与法国的冲突之后，已经相对被国际社会孤立。普鲁士以惊人的速度战胜了奥地利，这场战争被称为"七周战争"（Seven Weeks' War）。普鲁士获胜在很大程度上归功于新技术在后勤与战争中的应用：新的炮尾装弹"针枪"（可以从俯卧位置发射），以及使用铁路和电报机调遣及协调部队与补给。战后，普鲁士吞并了石勒苏益格－荷尔斯泰因、汉诺威和其他一些领土，俾斯麦成立了他所领导的由22个邦组成的北德意志联邦。联邦宪法包括一个拥有广泛选举权的议会，这一举动为他正在崛起的德意志帝国赢得了广泛的民众支持。

　　俾斯麦理想的统一国家中，最后一块还未拼成的版图便是德国南部德意志各邦（包括巴伐利亚）。在他试图将这些邦国并入北德意志联邦的过程中，却遭到了法国的反对，这是可以理解的，法国担心普鲁士势力的扩张。1870年，俾斯麦挑衅法国统治者拿破仑三世，以西班牙国王命运这么一个小问题激怒他，并让他向普鲁士宣战。普法战争只持续了六个星期，普鲁士的胜利是如此迅速和出乎意料，以至于法国政府没有时间可以投降。拿破仑三世被囚禁，随后退位，并逃往英国避难。巴黎（继1789年、1830年和1848年的暴动之后）的又一次暴动，最终导致法兰西第三共和国的建立（它一直延续到第二次世界大战）。在六个月的混乱之后，法国签署了一项耻辱性的和平协议，同意向德国支付巨额赔偿，并割让阿尔萨斯和洛林的领土。俾斯麦宣布建立一个新的德意志帝国，威廉一世（Wilhelm I）为德国皇帝。宣布这一重要公告的地点并不是在德国，而是在法国凡尔赛宫的镜厅。（法国人没有忘记这一耻辱，第一次世界大战后，迫使德国人在同一地点签署投降书。）与意大利一样，德国也是依靠自上而下的武力方式得以统一。不过，与迪卡沃不同的是，俾斯麦并不依赖民众投票来批准国家的巩固。俾斯麦用血和铁创建了一个统一的德国。

二元制奥匈帝国

德国统一后，有六分之一的德国人仍居住在德国以外，其中大部分则居住在奥地利帝国。19世纪下半叶，奥地利在欧洲的影响力不断丧失，首先是被排除在克里米亚战争之外，其次是失去意大利领土，最后是在七周战争中惨败。此外，帝国内部由于民族的多样性和民族主义势力的高涨，整体实力不断削弱，特别是在马扎尔人中逐渐丧失权力。哈布斯堡帝国至少有20个其他民族，包括捷克人、斯洛伐克人、波兰人、斯洛文尼亚人、克罗地亚人、罗马尼亚人和意大利人。德国人约占总人口的三分之一（主要集中在奥地利和波希米亚），马扎尔人（主要在该国东部）约占总人口的四分之一。马扎尔人长期以来抱怨德国人在帝国中的统治地位，抱怨德国的官僚作风和中央集权。1866年普鲁士击败奥地利，削弱了奥地利的实力，进一步刺激了马扎尔人的诉求。最终，1867年签订的《奥匈协议》（*Ausgleich*）采取了折中方案，创造了奥匈帝国的二元制君主政体（dual monarchy）。奥地利和匈牙利各自有自己的宪法和议会，但它们在哈布斯堡王朝的共同统治下。这给了诉求更多权利的匈牙利人相当程度的自治权，而实际上却没有建立两个独立的民族国家。然而，帝国的民族问题并没有得到解决。尽管这种安排对匈牙利人和奥地利人都有利,对帝国其他民族,特别是斯拉夫民族,如捷克人、斯洛伐克人和波兰人,却毫无帮助。在接下来的 50 年里,民族问题将会恶化,最终导致第一次世界大战的爆发。

民族主义与统一的影响

在德国和意大利,人民民族主义在 1848 年失败后,源于上层的公民民族主义创建了统一的民族国家。在发生于 19 世纪 60 年代的两个案例中,统一大业都得到了皮埃蒙特和普鲁士中强大邦国与领导人的支持,此外,也得到了外部(法国)的支持,至少在意大利是如此。在欧洲其他地方,民族主义者并没有那么幸运。例如,波兰人在 1830 年、1848 年和 1863 年都曾发生过抗击占领国的起义,他们没有外部支持,最终也没有成功。正如历史学家诺曼·戴维斯(Norman Davies)所说:"波兰民族运动有着最悠久的血统、最好的资历、最坚定的决心,但有着最糟糕的媒体,以及最少的成果。"[5] 波兰人不得不等到第一次世界大战结束后,才能重新获得国家地位。

19 世纪,欧洲大陆其他地方的民族主义取得了喜忧参半的成果。希腊人、比利时人、罗马尼亚人和挪威人成立了自己的民族国家,爱尔兰人和捷克人却没有。俄罗斯帝国的各个民族在获得独立之前不得不再等一个世纪。巴尔干半岛的民族大杂烩将提供点燃第一次世界大战的火药库(到目前为止仍然是一个很敏感的问题)。

意大利和德国的统一从根本上改变了欧洲版图和欧洲的力量平衡。尤其是德意志帝国，统一后便是欧洲大陆上仅次于俄国的国土面积最大、人口最多的国家，也是最强大的国家。工业革命在德国迅速推进，工业的发展提升了军事力量。在俾斯麦的统一战争中，德国人迅速而轻松地击败了奥地利和法国这两大欧洲大陆上的军事强国。俾斯麦的政策创建了一个民族团结、充满活力和国力雄厚的德国，但这并不是德国领导人最后一次利用民族主义获取利益。

第八章
帝国主义时代与对非洲的瓜分浪潮

在 19 世纪的最后 25 年，欧洲列强相互角力，为扩大其在全世界的影响力而竞争。在这个帝国主义时代，超过四分之一的地球表面被六个欧洲国家占领。而各国在非洲的竞争尤其激烈，在那之前，非洲除了沿海地区外，基本上没有受到欧洲的影响，大部分土地都不为欧洲人所知，也没有被欧洲人开发。1880 年，非洲约 90% 的地区被非洲人统治。20 年后，经过一段被称为"瓜分非洲"（Scramble for Africa）的土地争夺期后，几乎整个非洲大陆都被欧洲国家瓜分完毕。整个非洲大陆只剩埃塞俄比亚和利比里亚两个独立国家。

欧洲帝国主义产生的原因繁多而复杂，包括民族自豪感、战略竞争、寻找新市场、原材料和廉价劳动力，以及部分基于社会达尔文主义的欧洲使命感。对非洲人来说，欧洲殖民引进了欧洲的技术、思想和宗教，也带来了由欧洲剥削和羞辱所滋生的根深蒂固的怨恨和痛苦。帝国主义时代相对短暂，非洲大陆几乎被瓜分殆尽，非洲民族主义者就开始了争取独立的运动。第二次世界大战后的头 30 年里，几乎所有的非洲殖民地都已成为独立国家。

19 世纪前的欧洲殖民扩张主义

帝国主义可以定义为"一个国家凭借其优越的军事实力和更先进的技术，对欠发达地区的土地、资源和人口实行控制的过程"。[1]当然，这种现象在 19 世纪并不新鲜。随着 15 世纪大航海时代（the Age of Exploration）的到来，西班牙和葡萄牙成为第一批主要殖民者，接下来的一个世纪里，西班牙在美洲，包括南美大部分地区，建立了一个庞大的帝国。法国人在北美大部分地区进行了探索和殖民，但最终几乎被英国人取代。荷兰人在太平洋和印度洋，特别是在印度尼西亚进行探索与殖民。从 15 世纪开始，葡萄牙人开始探索非洲西海岸，并在那里建立定居点进行贸易，特别是奴隶贸易和传教工作。随后，英国、法国、西班牙和其他欧洲国家也很快予以效仿。

然而，欧洲殖民的第一批臣民也是第一批获得独立的人。18 世纪末，英国在北美的殖民地爆发起义并最终获得独立，南美洲大部分地区在 19 世纪初从西班牙和葡萄牙的殖民统治中获得独立。19 世纪中叶，只有英国拥有一个庞大的帝国，从加拿大横跨印度，再延伸至澳大利亚和新西兰，遍布全球。英国人自豪地宣称"太阳永远不会在大英帝国落下"。到 19 世纪 80 年代，只有中南半岛（位于东南亚）、中国和太平洋岛屿仍未被欧洲人殖民。

帝国主义的动机

帝国主义扩张的主要动机是经济因素。工业革命刺激了欧洲的生产和需求，企业家和政府都在寻找新的工业原材料来源、工业产品市场和劳动力供应，特别是廉价劳动力的供应。从 1873 年一直到 19 世纪 90 年代中期，欧洲经历了一场长期而严重的经济萧条，这加剧了欧洲各国对海外市场的争夺。随着欧洲经济的衰退，一个又一个国家开始征收关税（进口税），作为保护本国产业免受外部竞争的一种手段。这种保护主义导致对外贸易进一步下降，并加剧了经济衰退。

为避免这种情况的发生，欧洲国家寻求不受此类贸易限制的"庇护市场"，并在它们位于非洲和亚洲的殖民地找到了这些市场。然而，19 世纪的帝国主义扩张形式比早期的扩张形式强度更大，成本更高，主要是以矿山、种植园、铁路、港口设施、银行等形式对殖民地进行大量资本投资。由于需要派遣政治统治者以及驻扎军队来保护这些投资，越来越多的士兵、行政人员和定居者去了殖民地生活。

许多政治和经济理论家指出，帝国主义是资本主义的自然结果。例如，在《资本论》中，卡尔·马克思认为，在资本主义社会，资产阶级需要不断扩大其产品市场。俄国马克思主义革命家弗拉基米尔·列宁在名为《帝国主义是资本主义的最高阶段》（*Imperialism: The Highest Stage of Capitalism*，1916）一书中宣称，帝国主义是资本主义发展的必然阶段。但是，这会使资本主义国家在争夺殖民地领土的过程中发生冲突，在殖民地内部产生对抗殖民列强的民族解放战争。因此，列宁认为，帝国主义是资本主义国家之间战争（包括第一次世界大战）的主要原因，它最终会导致资本主义的灭亡。

除了纯粹的经济动机外，帝国主义还有其他动机。帝国主义在争夺中东的大博弈（Great Game）和对非洲的瓜分中，一定程度上都是由欧洲大国的战略和外交对抗所推动。在欧洲大陆上，英国和法国是长期以来的竞争对手，随着19世纪60年代和70年代意大利与德国完成统一，这两个国家也卷入了争夺权力和影响力的斗争中。尤其是英国，它希望保护自己在印度和埃及的利益，不受其他欧洲国家影响。19世纪80年代，英国在阿富汗建立了一个保护国（protectorate），作为对抗俄国向印度扩张的缓冲区域；随后，它在埃及建立了另一个保护国，以保护它对那时刚竣工的苏伊士运河（连接地中海和红海）的控制。正如英国政治家柯曾勋爵所说，阿富汗和波斯是"棋盘上的棋子，而棋盘上正在进行一场统治世界的游戏"[2]。非洲也是如此，在那里，每个欧洲国家都争先恐后地抢占领土。

欧洲对欠发达国家的扩张也有人道主义因素，但这经常受到社会达尔文主义的影响（见第六章）。许多欧洲人认为，他们在殖民地的参与将有助于非洲和亚洲人民的崛起和现代化。基督教传教士希望拯救灵魂，把基督带到那些他们视为异教徒因而迷失自我的人身边。许多传教士和有改革意识的定居者试图结束他们认为野蛮的本土习俗，这些习俗中，有些是真实存在的，而有些却是他们臆想的，比如，奴役、童婚、一夫多妻制和同类相食。

这主要是基于社会达尔文主义的观念，即某些种族的自然优势可为征服"落后"民族这一行径正名。英国人赫伯特·斯宾塞是社会达尔文主义的主要倡导者，他认为达尔文关于适者生存的概念不仅适用于物种，也适用于国家。这种屈尊可以以极端的形式出现：例如，1904 年，德国汉堡的一家当地动物园在一个围栏里展出了一群萨摩亚妇女。英国作家拉迪亚德·吉卜林（Rudyard Kipling）名为《白人的负担》（*The White Man's Burding*，1899）的著名诗篇，说明了社会达尔文主义和帝国主义的结合，他在诗中敦促美国在 1899 年吞并菲律宾之后，在菲律宾肩负起这一重担：

> 肩负起白人的重担——
> 派出你们最优秀的后代——
> 捆绑起你们的子孙，流放吧，
> 去服侍你们手下的俘虏；
> 让他们背负沉重马缰，
> 服侍那些急躁而野蛮的，
> 刚被你们俘获的愠怒之人，
> 他们半是恶魔，半是孩童。

对非洲的瓜分狂潮

19 世纪最后 15 年，对非洲的迅速而彻底的殖民统治被称为"瓜分非洲"。非洲大陆约占全球陆地面积的五分之一，当时约有 1 亿人口；然而，当时在大多数非洲地图上，内陆地区都是一片巨大空白区域，未被人们探索，因此非洲大陆也得名为"黑暗大陆"（Dark Continent）。然而，事实上，非洲有大约 700 个自治社会，每一个都有自己的政治结构。在非洲的许多地方，"欧洲人到来之前，就已经存在着高度的社会与政治文明以及成熟的艺术"³。

19世纪之前，外来者几乎没有进入非洲内陆地区，非洲人和欧洲人之间的大多数接触都集中在沿海地区。这些早期的接触大多建立在奴隶贸易的基础上：1450年到1900年，大约有1200万人被作为奴隶从非洲贩卖到美洲。1772年，英国宣布奴隶制为非法，1807年禁止奴隶贸易。在那之后，该国的大部分贸易都针对糖、咖啡、可可和黄金等产品。

1869年苏伊士运河（Suez Canal）建成后，欧洲对非洲，特别是北非的兴趣逐渐浓厚，苏伊士运河连接了地中海和红海（船只可以从这里前往印度洋）。运河对航运和世界贸易，特别是欧洲和亚洲之间的贸易，是一个福音。特别是对英国来说，苏伊士运河将前往印度的船运时间缩短了一半，使船只得以避开绕非洲的长途旅行，也绕过了非洲大陆南端险恶的水域。英国很快买断了运河的控股权，并在19世纪80年代建立了对埃及的保护国（通过该国切断了运河），尽管如此，该国仍然是奥斯曼帝国的一部分。

对非洲大陆的瓜分真正始于1879年，当时比利时国王利奥波德二世（Leopold II，1865—1909）派遣英裔美籍记者亨利·斯坦利（Henry Stanley）前往位于中非的刚果。斯坦利于1884年完成任务回国，约500名当地酋长签署条约，赋予利奥波德对这一地区的控制权。⁴在某种程度上，德国对一个欧洲竞争对手突然占领非洲领土感到颇为震惊，于是，德国总理奥托·冯·俾斯麦于1884—1885年召开柏林会议，就欧洲人如何瓜分非洲大陆制定了一些规则。会议同意建立以利奥波德二世为统治者的刚果自由国家。但它也为未来的殖民建立了指导方针。一个国家不能仅仅要求领土，它首先必须对一个地区建立"有效控制"。而且，实施殖民的国家有义务为殖民地内的土著人民提供福利。柏林会议引发了对非洲领土的疯狂争夺，每个欧洲国家都害怕被其他国家击败。15年内，到 1900 年，整个大陆被欧洲列强瓜分完毕。只有埃塞俄比亚和利比里亚逃脱了殖民统治，埃塞俄比亚是唯一一个避免殖民统治的本土帝国。利比里亚于 1822 年作为解放美国奴隶的殖民地建立，1847 年宣布独立，但事实上大部分仍处于美国的控制之下。

争夺非洲的过程中，让欧洲殖民者有意外收获的是位于非洲大陆南端的南非。荷兰人于 17 世纪开始在南非定居，他们的后代被称为布尔人（Boers）。英国人在 19 世纪中叶逐渐取得了控制权，迫使布尔人北上，在那里建立了德兰士瓦共和国、纳塔尔共和国和奥兰治自由邦。19 世纪 60 年代，在这些地区相继开采出钻石和黄金，使许多英国探矿者和定居者来到布尔人所建立的邦国。随后，布尔人和英国之间的摩擦升级为全面战争（布尔战争），这场战争持续了三年，英国投入了大约 40 万军队。布尔人最终战败，导致 1910 年成立了英属南非联邦。由布尔人（也叫南非荷兰人）和英国人构成的政府很快制定了种族隔离（apartheid）政策，隔离不同人种，推行种族不平等，并在 20 世纪末以前一直压迫和剥削那里的黑人。

亚洲殖民地的开拓

尽管 19 世纪的欧洲殖民主义在非洲最为猖獗，但它遍及全球。

亚洲大部分地区也被欧洲列强瓜分，只有日本保持真正的独立。大英帝国的"王冠上的宝石"是印度，一个人口众多的大国，拥有丰富的棉花、茶叶和鸦片。18 世纪，英国人在印度打败了法国人，此后，这个国家基本上由英国东印度公司（British East India Company）统治，这家贸易公司对位于伦敦的英国议会（British parliament）负责。在多次反抗英国殖民的起义后，英国政府直接对印度进行统治，维多利亚女王成为印度的女皇。

19 世纪 50 年代，法国开始殖民东南亚，逐渐扩大对该地区的控制。1887 年，它建立了法属印度支那联盟（the Union of Indochina），由如今的越南和柬埔寨组成；随后又将老挝并入其中。越南后来成为抗击法国统治的民族起义温床，并爆发了一场民族解放战争，这场战争首先在 20 世纪 50 年代驱逐了法国人，然后在 70 年代驱逐了美国人。

长期以来，中国有着自己庞大的帝国，所以很少有正式的欧洲殖民地。但是 19 世纪中国在军事和政治上的弱点使得它成为邻国和欧洲人容易攻击的目标。从 1842 年开始，欧洲大国和美国从中国的上海、广州和香港等十几座城市中获得了租界。这些相互关联的协议，即所谓的条约体系（treaty system），允许欧洲人自己的定居点免受中国法律的管控与约束，并在条约口岸内对中国公民实施限制。欧洲和美国的炮艇在长江上巡逻，以保护本国公民和商业利益。

19 世纪后期，列强对中国的瓜分愈演愈烈。日本在 1894 年的甲午战争（the Sino-Japanese War of 1894）中打败了中国，随后，朝鲜独立，日本控制了离中国大陆海岸不远的台湾岛。10 年后，日本将其控制范围扩大到中国东北的"满洲"。俄国从中国获得了旅顺港和大连港的长期租约，从而获得了通往太平洋的重要战略和经济通道。英国迫使中国签订对香港长达 100 年的租约，香港随后也成为亚洲最重要的商业和贸易中心之一。甚至美国新帝国主义势力也参与了这一行动。由于不想被排除在中国市场这块肥肉之外，1899 年，美国宣布了一项门户开放政策（Open Door Policy），要求中国向所有外国列强开放贸易。所有这些失败和屈辱，促使清王朝于 1911 年覆灭。

殖民统治的方式

欧洲国家最初主要依靠特许贸易公司来探索和开发殖民地，期望由此开发后的殖民地能赚回它们的殖民开发成本。英国、法国和荷兰都有自己的东印度公司，这些公司早在 17 世纪就从它们的政府获得了特许权，并代表它们的政府，对殖民地进行控制。不过，最终这些地区的管理权被欧洲各国政府直接接管。19 世纪末，在瓜分非洲的过程中也出现了类似的情况；例如，在西非，皇家尼日尔公司在 19 世纪 80 年代被英国议会授予了开发尼日利亚的特许权。但是，该公司在 1899 年破产后，英国政府接管了该地区的管理，尼日利亚成为英国殖民地。在他们的殖民地，英国实行间接统治，主要依靠当地国王和当地军队来加强他们的权威与统治。法国人使用更直接的统治，任命法国人为殖民地总督，并将殖民地更直接地与法国联系起来。例如，作为北非重要的殖民地，突尼斯和阿尔及利亚就位于法国南部地中海对面，实际上已经成为法国本土的一部分，大量法国公民在这两地定居。

然而，大多数殖民地离欧洲殖民者较远，因此只有通过海军开拓和军事力量才能实现殖民。例如，拥有世界上最大海军的英国，也拥有最广阔的帝国。1890 年，美国海军上将阿尔弗雷德·塞耶·马汉（Alfred Thayer Mahan）出版了一本颇具影响力的书，名为《海权对 1660 至 1783 年历史的影响》（*The Influence of Sea power on History, 1660—1783*），书中明确了海权的重要性，他在书中认为，海权是一个国家军事、经济和外交影响力的关键。马汉的书在美国特别有影响力，1898 年，美国海军从西班牙夺取了一系列殖民地，包括加勒比的古巴和南太平洋的菲律宾，从而使美国加入帝国主义俱乐部。与此同时，当时刚完成统一大业的德国开始了一项造船计划，以挑战英国在海上的霸主地位，并发起了一场海军军备竞赛，这场军备竞赛也导致了第一次世界大战爆发。

欧洲殖民主义的后世影响与结果

1500 年，欧洲国家控制了地球 7% 的地表；到 1800 年，这一控制面积达到了 35%；到 1914 年，它们完全控制了 84% 的地球土地。英国拥有世界上最大的帝国，在 20 世纪早期，该帝国内的人口占世界人口的四分之一。法国紧随其后，控制了大约 350 万平方英里的疆土，德国、比利时和意大利分别控制了大约 100 万平方英里的土地。19 世纪与 20 世纪之交，欧洲人真正统治了世界。甚至，世界地理学的术语也反映了这种支配地位：近东（Near

East）和远东（Far East）这两大术语表明了这些地区与欧洲的相对距离。1884 年，一个国际会议在英国伦敦附近的格林尼治召开，0 度经线穿过格林尼治。从那时起，世界上所有时区都表示为格林尼治标准时间（GMT）加减 × 小时。

欧洲对非洲、亚洲和中东的统治对这些国家的人民产生了积极和消极的影响。不管好坏，欧洲的语言、文化和技术在 19 世纪遍及南半球。英语成为印度、尼日利亚和南非等国政治和经济精英的通用语（lingua franca），也是因种族和宗教差异而分裂的国家为了获得民族团结和身份认同的重要来源。在北非和西非的大部分地区，法语也是如此。欧洲人在殖民地修建港口、公路和铁路，使这些国家对欧洲的贸易和技术日益开放。城镇出现在以农村为主的地区，在农村，经济作物（如烟草、咖啡和糖）的生产促使了商品经济的出现。在殖民地的土著人中，对自行车、收音机和服装等欧洲产品的需求不断增加。欧洲的世俗和宗教教育体系，降低了文盲率，促进了高素质中产阶级的发展，也推动传教士在这些殖民地传播基督教。

然而，所有这些都是以牺牲殖民地人民的传统、自治、独立和自豪感为代价。欧洲人统治、剥削和奴役非洲、亚洲和中东的人口，破坏了这些地区的传统政府制度。当殖民地最终获得独立时，他们几乎普遍难以建立稳定的政治机构。此外，对欧洲人挥之不去的怨恨经常破坏前殖民地和殖民者之间的关系，使其与前殖民国的贸易往来受阻。

讽刺的是，欧洲人带到殖民地的自由和民主思想终结了它们自身的殖民统治。随着这些观念开始深入人心，特别是这些理念在殖民地的政治和文化精英中不断被采纳，它们刺激了殖民地对自由、民主和独立的要求。两次世界大战结束后，当欧洲人忙于应对列强之间的战争时，殖民地的民族解放和独立运动加速推进。第二次世界大战后，独立的小瀑布变成了大洪水（这一话题将在第十二章进一步讨论）。1947 年至 1963 年，约 7.5 亿被英国殖民的臣民成为新独立国家的公民。在 1960 年的非洲，仅仅一年时间内，就有 17 个殖民地从欧洲国家手中获得了独立，在接下来的 20 年里，几乎整个非洲大陆都实现了独立。在南亚、东南亚和中东的欧洲殖民地也是如此。这些新独立的国家中，有许多是极端反西方的国家，随后也成为联合国的成员国，从而改变了联合国的力量平衡，改变了国际政治的力量对比。第三世界的国家，成为"二战"后美苏冷战的关键舞台。

第九章
第一次世界大战

1914 年，奥地利大公爵弗兰茨·斐迪南（Franz Ferdi-nand）在萨拉热窝遇刺，引发了一场持续四年的灾难性战争，夺去了 1000 万人的生命，改变了欧洲大陆的面貌，并为一代人以后更具全球性与破坏性的战争埋下了伏笔。到第一次世界大战结束时，欧洲已不再是全球的主宰者，到第二次世界大战结束时，欧洲也被美国与苏联这两个欧洲大陆中心地带以外的大国所主宰。

萨拉热窝刺杀案是一件发生在欧洲偏僻角落的小事件，由此引发的争端主要发生在奥匈帝国和塞尔维亚之间，这两个国家对这起谋杀案负有责任。但这一事件很快吸引了大多数欧洲大国的注意。这场战争出乎意料，但并非完全不受许多政府和公民欢迎，几乎所有人都预计战争只会持续几个月。然而，它在史无前例的僵局和屠杀中一直持续，直到美国干预之后才最终接近尾声。随着战争的结束，欧洲失去了一代年轻人；俄国、奥地利、奥斯曼和德意志帝国消失了；十几个新国家出现了；同时，俄国经历了一场共产主义革命。

战争前夕的欧洲

20世纪初，欧洲的力量和威望是无与伦比的。欧洲人几乎在科学、文化、经济和时尚等各个领域都引领世界。他们的帝国包围了地球的大部分地区。19世纪后半叶是欧洲一段相对和平的时期，由拿破仑战争后建立的力量制衡体系来管理，只是偶尔会爆发短期的局部战争（如德国统一战争）。欧洲大陆的大部分地区仍然由君主制控制，但正如我们在前面章节中所知，自法国大革命以来，专制主义在不断瓦解。1914年，法国是共和国，英国是君主立宪制国家，但其他大国——奥匈帝国、德国、意大利、俄国和奥斯曼帝国——都是不同程度的保守君主政体。

力量平衡是一个不断变化的联盟体系，旨在防止任何一个国家变得过于强大，并威胁到其他国家，从而确保欧洲大陆的整体稳定。1914年，欧洲力量平衡的主要组成部分是德国、奥地利和意大利组成的三国同盟（Triple Alliance），以及俄国、法国和英国的三方协约（Triple Entente）。俄国还在巴尔干半岛（Balkans）与塞尔维亚结盟，一部分是为了平衡奥斯曼帝国和奥地利在该地区的影响，另一部分是为了向斯拉夫同胞提供保护。与俄国人一样，塞尔维亚人是斯拉夫人，他们都使用西里尔字母，且拥有东正教基督教背景。

19世纪，力量平衡体系在大部分时间内都运作良好，但由于俾斯麦的德国统一战争和欧洲中部出现了一个强大而统一的德国，这种平衡受到抑制。19世纪60年代和70年代，德国首相对丹麦、奥地利和法国发动了战争，这两场战争持续时间短，且目标有限明确，旨在获得领土，并将这些领土并入德意志帝国的版图。俾斯麦采纳了普鲁士将军兼战略家卡尔·冯·克劳塞维茨（Karl von Clausewitz）早些时候提出的"战争仅仅是通过其他手段延续政策"的观念。他发起的战争迅速而果断，似乎证明了这一理念。此外，俾斯麦展示了技术在战争中的决定性应用：普鲁士将军依靠铁路和电报迅速调遣及协调他们的军队，同时运用如后膛装填步枪等新型武器。因此，他们往往能够在战争中以谋略制胜，击败敌人，迫使其快速投降，同时将自己的士兵伤亡控制在最低程度。

19 世纪的最后几十年内，全欧洲的军事策划者借鉴俾斯麦的成功经验，开始发展军事技术，并为具有决定性的闪电战进行筹划，从而击垮敌人。到 1914 年，大多数欧洲国家拥有在和平时期内规模最为庞大的军队。军事扩充也延伸到了海洋领域，英国和德国之间的一场大型海军军备竞赛已经持续了 15 年。世纪之交，欧洲国家忙于扩充和改善其军事力量，同时也有着强大的国家力量和战争观念。例如，普鲁士陆军元帅赫尔穆思·冯·莫尔特克（Helmuth von Moltke）写道：

永恒的和平是一个梦，甚至不是一个美丽的梦。战争是上帝命令的一部分。没有战争，世界就会停滞不前，迷失在物质主义中。在战争中，人最高尚的美德表现为勇气和自我否定，忠于职守，勇于牺牲，以及愿意冒生命危险。[1]

欧洲各地的许多普通公民都有同样的看法，由此形成了一股民众热情，于 1914 年 8 月促使了战争爆发。

战争准备和军备竞赛正动摇着 19 世纪末欧洲的稳定局面，同时，民族主义力量及其对主宰中欧的多民族帝国的影响也是如此。奥匈帝国的哈布斯堡君主制已经被 1848 年的起义和 1866 年德国发动的七周战争所削弱。次年，在被称为《奥匈协议》（妥协）的协议中，马扎尔人和德国人分裂成一个二元制君主政体，该政体由两个独立的民族国家（奥地利与匈牙利）构成，德国人只占奥地利人口的不到一半，马扎尔人在匈牙利的人口占比也是如此。捷克人、斯洛伐克人、斯洛文尼亚人和克罗地亚人等其他所有民族，在这样的二元制君主制政体下，深深地感到被排斥和压迫。

火药库：巴尔干半岛的民族主义

民族主义可以像在奥匈帝国一样，使一个多民族国家分崩离析，也可以建立由统一民族所构成的新国家。此时最强烈的民族主义运动发生在巴尔干半岛的斯拉夫人当中，他们包括保加利亚人、马其顿人、塞尔维亚人、克罗地亚人、黑山人、波斯尼亚人和斯洛文尼亚人。他们中的许多人渴望脱离奥地利人、匈牙利人或奥斯曼土耳其人的控制，致力于建立一个单一的南斯拉夫民族，最终随着南斯拉夫的建立（这意味着"南部的斯拉夫民族"），这一愿望成为现实。塞尔维亚于 1878 年从土耳其奥斯曼帝国获得独立，并将自己视为南斯拉夫民族主义的领袖。

在其鼎盛时期，奥斯曼帝国控制了整个巴尔干半岛，其统治势力甚至一直延伸到了维也纳的边境。但自 17 世纪末以来，奥斯曼帝国一直在收缩，并逐渐退居至其核心位置，即现在的土耳其。随着奥斯曼帝国的衰弱，其他欧洲国家争相瓜分东南欧的真空地带。与此同时，各民族也开始主张自治或独立。例如，19世纪70年代，奥斯曼土耳其人败于俄国人的手上，导致了塞尔维亚、保加利亚和罗马尼亚等新的独立国家的诞生，这些国家都是从奥斯曼帝国的土地上崛起的。1908年，奥匈帝国吞并了同样是奥斯曼帝国残余的波斯尼亚，由于塞尔维亚也声称拥有对波斯尼亚的主权，奥匈帝国这一吞并行为几乎引爆了其与俄国和塞尔维亚之间的战争。1912年和1913年，巴尔干半岛爆发了三次地区战争，所有战争都导致了土耳其在欧洲其他领土的丧失。

导火线：萨拉热窝刺杀事件

1914年的欧洲局势是一个火药桶，主要大国之间的竞争日益激烈，庞大的军队正在紧锣密鼓地备战，以便随时奔赴战场，对抗发动起义的民族主义分子，应对一个处于崩溃的奥斯曼帝国。点燃这一火药桶的导火线是奥地利大公爵弗兰茨·斐迪南遇刺，他显然是哈布斯堡王位的继承人，当时他正在萨拉热窝检阅军队，萨拉热窝是当时刚被吞并的波斯尼亚的首都。枪杀大公夫妇的男子是一名年轻的波斯尼亚塞族民族主义者，名叫加夫里洛·普林西比（Gavrilo Princip）。奥地利政府很快将此事件归咎于塞尔维亚，并要求塞尔维亚政府打击其境内的民族主义分子和恐怖组织。奥地利皇帝弗兰茨·约瑟夫（Franz Joseph）对其侄子的遇刺感到震惊，但也担心这次暗杀在某种程度上是对所有欧洲君主及其帝国的打击。他的军事参谋长更关心奥地利自身，他说道：

> 奥匈帝国必须向塞尔维亚开刀。……这并不是一场与喜欢自称"可怜弱小"的塞尔维亚之间为了正义而发起的决斗，也不是刺杀的惩罚问题。更重要的是大国威望的高度现实意义。……君主政体已被扼住了喉咙，必须在任由自己被扼杀和尽最大努力防止其毁灭之间做出选择。[2]

作为被刺杀的奥地利大公密友以及奥地利的盟友，德国国王恺撒·威廉（Kaiser Wilhelm）对当前局势也深有同感，于是给了奥地利一张"空白支票"，对塞尔维亚进行军事报复。奥地利向塞尔维亚发出最后通牒，这一通牒将严重损害塞尔维亚的主权，塞尔维亚人几乎不可能完全答应。即便如此，塞尔维亚在最后通牒的几乎所有要点上都做出了让步。奥地利认为这样的让步并不足够，于是与塞尔维亚断交，并于 7 月 28 日对塞尔维亚宣战，次日开始对塞尔维亚首都贝尔格莱德进行炮击。

局势升级

如果没有同盟国所组成的网络以及军事动员计划，这可能仍然是奥地利和塞尔维亚之间的局部战争。事实上，奥地利愚蠢地认为，德国的支持可以使俄国（和其他国家）不来掺和这起冲突。但奥地利对塞尔维亚发出最后通牒后，俄国便开始动员军队，希望表明决心，从而迫使奥地利让步。德国要求俄国人停止军事动员；

当俄国人并未买账时，德国也随即开始进行军事动员。更糟糕的是，德国的作战计划中，设想了一场双线作战的战役（因为俄国与法国的联盟），德国军队首先要部署军队，进攻法国，迅速获胜后，转向进攻俄国。德国国王对事态发展的趋势越来越感到震惊，于是开始与他的堂兄俄国沙皇（他们称呼对方为"威利"和"尼基"）交换电报，试图阻止冲突。但两国的军事指挥官都声称，一旦启动军事动员计划，就无法逆转。8 月 1 日，德国对俄国宣战；两天后，德国对法国宣战；几天之内，德国军队通过中立的比利时向法国挺进，从而使英国卷入战争。巴尔干半岛的事件已经演变成一场整个欧洲范围内的战争，德国和奥地利作为核心国与英、法、俄的同盟国对峙。

第一次世界大战

1914 年 8 月，几乎每一个国家的首都城市，都对战争表现出了广泛的热情。年轻人拥向征兵中心参军。几乎所有人都希望这场战争不会持续太长，士兵们能在圣诞节前回家。然而，事与愿违，最终，这场战争既不迅速，也不光荣。因为现在各方都拥有了新型武器和技术，没有人能很快获胜，军事行动很快陷入了战壕战和消耗战。屠杀的规模空前，令人胆战心惊。在伊珀尔和凡尔登这些单个战役中，每小时就有数万人死亡，最终有数十万人伤亡。1916 年，持续了四个月的索姆河战役，德国损失了 50 万人，英国损失了 40 万人，法国损失了 20 万人，双方都没有占到任何好处。

新的军事技术使这场冲突更具破坏性，并极大地扩大了战争范围，使平民和非战斗人员日益受到战火的伤害。新完善的机枪使地面火力增加了 100 倍。那时，毒气被证明在战争中非常奏效，于是，到战争结束时，一半的德国炮弹都携带毒气。战争期间，超过 100 万伤员都是由于暴露在毒气中，其中，近 10 万人死亡。1915 年，德国软式飞艇（blimp）突袭伦敦，是战争期间第一次蓄意攻击平民的袭击。同时，潜艇最初被德国人用来攻击前往英国的英国补给船，最后也击沉了客轮。1915 年，德国击沉英国"卢西塔尼亚号"班轮，造成 1200 人丧生，其中包括 118 名美国公民，激起了美国对德国人的愤懑，并促使美国卷入这场战争。

美国历史学家兼外交家乔治·凯南（George Kennan）对"一战"战场的残酷和士气低落做了如下总结与描述：

> 在西方战线上陷入僵局的时间不长，今天很难想象接下来所发生的一切是多么丑陋不堪，令人心力交瘁：那四年漫长的悲惨屠杀；那令人震惊的场面，就是一大群人日复一日、月复一月、年复一年地在泥泞的战壕中相互对峙，用当时无懈可击的机关枪、战壕迫击炮、带刺铁丝网，甚至毒气，绝望且彻底地互相残杀，直到胜利或失败似乎不再是军事领导、技能和精神的产物，而是某种与可怕的炮灰和屠杀有关的数学问题。[3]

最后，大约有 800 万士兵在战争中丧生，大概只有十分之一的士兵幸存下来，并见证了这一切的罪魁祸首。

战争的结束与其说来自战场上的任何一次军事胜利，倒不如说是最终大家被耗得筋疲力尽以及 1917 年发生的两件事：使俄国退出战争的俄国革命以及美国加入战争。俄国从战争一开始就遭受重创，沙皇尼古拉斯二世（Tsar Nicholas Ⅱ，1894—1917 年在位）是一个笨拙无能的统治者。俄国士兵主要由农民组成，有时候，他们被派到战场上时，都没有配备武器，有时甚至连鞋子都没有。巨大的伤亡、粮食短缺和经济衰退激发了俄国民众对战争和君主制的反对。1917 年 3 月，在首都圣彼得堡，军队兵变，工人罢工，沙皇被迫退位，人们组建了一个临时的政府，但没有让俄国退出战争，这让新政府的声望大打折扣。同时，马克思主义革命领袖弗拉基米尔·列宁被流放后返回俄国，呼吁"和平、土地和面包"，并在 11 月带领他的布尔什维克政党推翻临时政府并夺取权力，这场运动被称为十月革命。新政府于 1918 年 3 月与德国人签订了一项条约，并退出了战争。（"俄国革命"将在第十章中详细论述。）

东线作战的结束使德国人可以把所有的兵力都转向西线，但此时，美国已经加入作战，美国军队正以每月 25 万人的速度登陆法国。1916 年 11 月，伍德罗·威尔逊（Woodrow Wilson）再次当选美国总统，承诺美国不会加入欧洲战争。然而，美国已经越来越深地卷入这场冲突，向同盟国供应粮食和武器。

附文 9.1
甜蜜又荣耀的牺牲

　　第一次世界大战爆发时，战争在大多数人的眼中，都有一个浪漫的形象，大多数关于战争的文学作品都把战争的光荣、荣耀和冒险予以浪漫化。例如，在英国，许多学校在读生都知道拉丁诗人贺拉斯（Horace）的诗句：为国捐躯是甜蜜和光荣的。第一次世界大战的惨烈屠杀和巨大伤亡粉碎了这些观念，这种新的现实主义反映在从那次战争中产生的诗歌、小说和故事中。例如，埃里希·玛丽亚·雷马克（Erich Maria Remarque）在德国军队服役并受了重伤后，在其作品《西线无战事》（*All Quiet on the Western Front*）中描述了普通士兵在西部战线上所遭遇的残酷、黑暗以及令人沮丧的经历。

　　另一位年轻作家威尔弗雷德·欧文（Wilfred Owen）于1915年入伍，受伤后被送回英国疗养，然后于1918年8月再次回到前线。他最感人的一首诗名为《为国捐躯》（*Dulce et Decorum Est*），在诗中，他描写了毒气的恐怖，毒气夺走了他的一位同志的性命：

　　　　在我所有的梦境中，在我无助的视线前，

　　　　他倒向我，奄奄一息，呛溺无助，

　　　　假如是在一个窒息的梦里，你也可以跟随

127

在运送他尸体的货车后，

看着他脸上苍白的眼睛不停扭动，

他那如绞死般的面容，像是魔鬼的罪恶之病；

假使你能听见，当每一次的颠簸，血液

从肺泡破碎的肺叶中流出，在嘴里发出漱口的声音，

如癌症般猥琐，苦得像是难以下咽的反刍物，

不治的疮在无罪的舌头上——

我的朋友，当你目睹这一切，你就不会如此热情地传讲

告诉热衷这份带有些许绝望的荣耀的孩子们，

这一古老的谎言：为国捐躯，

甘美而合宜。

欧文在 11 月停战前一周阵亡，年仅 25 岁。

1917 年年初，当德国人重新无限制地使用潜艇作战时，他们击沉了几艘美国军舰，美国最终在 4 月向德国宣战，用威尔逊的话说，这是"为了民主发展而营造一个安全的世界"。随后，美国很快就动员其军事力量。1916 年，美国军队只有 13 万人；到 1917 年年底，有 350 万人应征入伍，到 1918 年，他们启程奔赴欧洲战场。美国对战争的干预打破了力量平衡，迫使德国人在 1918 年 11 月求和，从而结束了战争。

凡尔赛宫、和平条约以及国际联盟

同盟国的战胜者于 1919 年冬天齐聚巴黎，针对每一个战败国，起草了一系列和平条约。这些谈判中最杰出的人物是伍德罗·威尔逊总统，他来到欧洲受到英雄般的欢迎。战争接近尾声时，威尔逊在"十四点计划"（Fourteen Points）中阐述了战后和平的思想，宣扬民主社会、自由主义和民族主义的原则，呼应了启蒙运动、法国大革命和 1848 年革命的理想。威尔逊呼吁欧洲人民实现民族自决（national self-determination），并沿国家界线重新划定欧洲边界。他还呼吁建立"国际大联盟"，这是一个致力于解决国家间争端并防止战争的国际政治组织。这两个想法成为和平谈判讨论的核心议题。

尽管威尔逊的目标不接地气且太过理想化，针对德国的和平条约——《凡尔赛条约》，却是严厉且具有惩罚性的。尽管这场战争的起因很难只归咎于一个国家，但德国被认为是战争的罪魁祸首，被迫对同盟国在战争中的损失承担明确的责任。德国领土面积大大缩小，阿尔萨斯－洛林回归法国，战前的部分领土划归新成立的波兰。东普鲁士与德国其他地区由一条狭长的陆地分隔，这片陆地名为波兰走廊，使波兰可以延伸至波罗的海。萨尔地区（与法国接壤）的煤炭和钢铁产区被法国控制了 15 年。德国被剥夺了在非洲和其他地方的殖民地，这些殖民地被国际联盟（League of Nations）指派给其他国家予以管理。为了防止德国成为未来的军事强国，条约对其军队和军事生产进行了严格限制。对于一个已经经历了四年战争，且遭受重创的国家而言，所有这些条款都称得上丧权辱国。

尽管在巴黎所签订的一系列条约减少了德国的邦国数量，但也创造了许多新的中欧国家，并为欧洲大陆绘制了一个全新的地理版图。在这些已经废弃的帝国中，有七个新的独立国家：芬兰、爱沙尼亚、拉脱维亚、立陶宛、波兰、捷克斯洛伐克和南斯拉夫。奥地利和匈牙利现在是独立的小国。罗马尼亚因俄国和匈牙利部分地区的并入而扩大。希腊从土耳其获得领土。随着奥斯曼帝国的解体，土耳其成了一个独立的共和国，叙利亚、黎巴嫩、巴勒斯坦和伊拉克被国际联盟授权给法国或英国。理论上而言，这些新的国家和边界的变化都是以民族为基础，符合威尔逊的"十四点"。但中欧是一个由国家组成的拼图，因此大多数国家不可避免地保留着一些少数民族，比如，捷克斯洛伐克的德国人和匈牙利人，波兰的鲁塞尼亚人，立陶宛的波兰人，罗马尼亚的保加利亚人和匈牙利人等。在接下来的几年里，这些地区成为捣乱者和煽动者的沃土。

伍德罗·威尔逊的另一个伟大构想是"国际大联盟"（general association of nations），它在巴黎会议上成为新的国际联盟。联盟的基础是集体安全原则（collective security），即所有国家集体负责保护其他国家的主权和独立。成员国承诺不诉诸战争，利用总部设在瑞士日内瓦的联盟机构，和平讨论和解决国际争端。作为一个代表所有国家的普遍性组织，联盟将取代旧的联盟、力量平衡体系和战争制度，成为一种政策工具。

然而，国际联盟从未真正发挥其应有的作用。最大的问题是美国本身没有加入这个组织。当威尔逊回到美国推广该联盟时，他面对的是敌对的共和党参议院和信奉孤立主义（isolationism）的民众。该条约在参议院以一票否决。其他关键国家也没有加入该联盟：俄国的新共产主义政权拒绝加入，因为他们认为这是资产阶级国家主导的组织；德国作为对战争的惩罚的一部分，直到1926年才被允许加入联盟组织。几乎从一开始，国际联盟就遭到了致命的削弱，当希特勒在20世纪30年代开始挑战欧洲现状时，国际联盟才最终被证实是徒有其名。

第一次世界大战的影响

第一次世界大战，即"结束所有战争的战争"，改变了欧洲，程度之大，是此前的任何战争或革命都无法比拟的。仅就人类伤亡而言，就具有毁灭性：约有800万人死亡，另有2000万人受伤，其中许多人致残或严重致残。这些伤亡遍布整个欧洲大陆；除意大利外，欧洲各大国在战争中至少死伤1000万人。美国则有11.5万士兵战死沙场，与其他国家相比，伤亡人数相对较轻一些，同时，比凡尔登或索姆河等战役中的伤亡数要少。欧洲基本上失去了整整一代年轻人。温斯顿·丘吉尔（Winston Churchill）在1929年关于这场战争写道："人类社会结构所受到的伤害，一个世纪内是不会消失的，而且可以想象，这可能会对当今文明造成致命的伤害。"[4]这番言论极具前瞻性。

战争的持续时间和全面性也以其他方式改变了各国的国内局势。在每一个国家，随着消费型经济体被重新用于军事生产，政府越来越多地参与经济规划和控制。由于大多数男性都在军事前线工作，数百万妇女由此加入了劳动大军。（1916 年英国的一张宣传海报上写着："妻子制造的炮弹可以拯救丈夫的生命。"）

这种战时性别角色的剧变在战后仍在继续，并加速了英国和其他地方争取女性选举权的运动。在英国，30 岁以上的女性在1918 年获得选举权，1928 年，英国所有年龄段的女性均拥有选举权。在德国、斯堪的纳维亚半岛、捷克斯洛伐克、匈牙利和波兰等新成立的国家以及苏联这一新兴社会主义国家，妇女也赢得了选举权。

这场战争也标志着欧洲君主专制制度的终结，并将始于 1789年的法国大革命的民主进程推向高潮。随着中央集权的终结，德国、奥匈帝国和奥斯曼帝国的独裁者被驱逐；随着 1917 年俄国革命，沙皇被废黜，随后被布尔什维克党处决。不同于以往的革命和战争，这次之后，君主制已经没有任何复辟的可能。旧帝国的土地上涌现了许多基于 18 世纪人民主权理想及 19 世纪自由主义和民族主义理想的新兴民主国家。

这是民主的伟大进步，但许多新兴国家国力薄弱、贫困潦倒，且对于容忍、妥协和渐进变革的民主传统非常不适应。1918—1919年，俄国布尔什维克革命在德国、奥地利和匈牙利引发左翼革命，虽然这些革命以失败告终，但也使这些国家内部出现左右两极分化。一些国家，特别是德国，对战后和平解决的惩罚和限制感到恼火。或许在良好的经济环境下，欧洲的新政治秩序本可以站稳脚跟并蓬勃发展，但 20 世纪 20 年代末和 30 年代的全球经济大萧条使这种希望破灭。大萧条给德国带来了毁灭性影响，战后，惩罚性赔款已经削弱了德国的经济实力。数以百万计的德国人失业、深陷贫困，对《凡尔赛条约》充满怨恨，这一切都为阿道夫·希特勒的上位做好了铺垫。

第十章
俄国革命与共产主义

1917年11月，俄国的布尔什维克革命使该国退出了第一次世界大战，在许多方面，也使该国脱离了欧洲，并进行了一项大胆的试验：基于卡尔·马克思的思想建立一个社会主义国家。从国内影响和国际影响来看，1917年俄国革命的影响至少可与1789年法国大革命媲美。与1789年法国大革命一样，1917年俄国革命是一场伟大的政治、社会和经济革命。此外，与法国革命党人一样，俄国革命党人声称他们的意识形态具有超越性与普遍性，他们深信俄国革命将是点燃全世界革命的火花。

新俄国的共产主义思想既反对资本主义，又坚持无神论，所以西方政府，特别是美国，对它既害怕又不信任。美国政府希望并预测俄国的共产主义政权会失败，并拒绝对新政府予以外交承认，直到1933年，这一情况才发生改变。共产党宣称要把共产主义传播到西欧和美国等世界各地，加剧了西方国家对俄国的恐惧和敌意。由于美国和苏维埃社会主义共和国联盟都关注自身国内问题，而不是国际问题，这些紧张关系在两次世界大战之间有所缓和。第二次世界大战期间，由于它们的共同敌人是希特勒领导下的纳粹德国，两国之间的紧张关系进一步缓和。但随着第二次世界大战结束，美国和苏联成为世界两个超级大国，这些紧张关系在冷战期间重新出现，并主导了国际政治。

沙皇统治下的俄国

然而，要理解俄国革命，就必须了解这个孕育革命的国家的性质。20世纪初的俄国是欧洲最后一个专制主义（despotism）大国，也是世界上最保守的大国。尽管自1789年以来，俄国和欧洲其他国家一样发生了一些自由化的变革，但俄国仍然以独裁统治为主，经济落后，而且很大程度像一座孤岛，与欧洲其他国家隔绝。然而，它是一个幅员辽阔且民族多样化的帝国，覆盖了全球陆地表面的六分之一，由俄罗斯人统治，但包含数百个其他民族。这些民族包括其他斯拉夫人，如乌克兰人和波兰人，以及非斯拉夫欧洲人，如芬兰人和拉脱维亚人，还有大部分是中亚的突厥穆斯林。这些民族中的许多人通过帝国扩张或战争进入俄罗斯帝国。很长一段时间内，民族统治与融合一直是困扰着俄罗斯帝国的一项艰巨任务。

一个以基辅（位于如今的乌克兰）为中心的俄国，最初出现于9世纪；不久之后，弗拉基米尔王子（Prince Vladimir）接受了拜占庭的东正教基督教。从那时起，俄国和东正教紧密相连。从13世纪到16世纪，在蒙古占领的300年中，教会保留了俄罗斯的文化、传统和身份。拥有"沙皇"（俄国版拉丁恺撒）头衔的俄国统治者是国家和俄国东正教的领袖。莫斯科宣称拥有"第三罗马"（君士坦丁堡之后）的称号，代表着基督教世界的中心和未来。

沙皇的最后一个王朝，罗曼诺夫王朝，从 1613 年开始建立并实行统治，直到 1917 年俄国革命爆发才覆灭。

1900 年的俄国在政治和经济上都落后于其他欧洲强国。政府仍然是一个僵化的、不受限制的独裁政权，沙皇是教会和国家的领袖。直到 19 世纪 60 年代才出现地方政府，直到 1905 年，才出现真正的国家代表机构，即便如此，这些代表机构的权力也受到严重限制。政府禁止政党活动，并通过严格的审查制度、无处不在的秘密警察和限制全国人民流动的内部护照制度来控制异议。在政治上，1900 年的俄国和 1780 年的法国如出一辙。

同时，俄国的经济改革也很缓慢。直到 1861 年农奴解放，在封建主义基本从欧洲消失几十年后，俄国仍然是一个封建经济体。1900 年，农民几乎占人口的 90%，三分之二的人口是文盲。18 世纪末开始于英国的工业革命和工业化，直到 19 世纪末才在俄国正式展开。因此，卡尔·马克思认为革命所必需的城市工人阶级数量也非常有限。

变革的苗头

然而，从 19 世纪初开始，俄国已经出现了变革和改革的迹象。法国大革命和拿破仑的军队把自由、革命和启蒙思想传播至整个欧洲，俄国也不例外。1825 年，一批曾参加过拿破仑战争的俄国前军官受到西方自由主义的影响，对自己国家的反动政府越来越不满，他们发动了反沙皇主义的起义。十二月党人起义（Decembrist revolt）被镇压，但它发出了一个信息，并为后来的抗议和反对独裁政权的运动开创了先例。然而，19世纪最重要的变化来自自上而下的改革，而不是暴动或革命。被称为"农奴解放者"的沙皇亚历山大二世发起了一系列自由化改革，其中包括建立地方自治政府、司法现代化，最重要的是1861年农奴解放。亚历山大二世于1881年遇刺身亡，他的继任者又故态复萌，重新回归更加专制和严厉的统治，但农奴的解放，刺激了俄国巨大的社会和经济变革。

农奴解放后，许多农民的经济状况实际上更糟了，许多人移居城市寻找工作，推动了城市化和工业化进程，而这两大历史进程在19世纪的最后几十年在俄国开始迅速发展。1861年至1900年，生铁产量增加了10倍，煤炭产量增加了42倍。1888年至1913年，铁路总里程翻了一番。随着城市工人阶级（无产阶级）、新兴工业企业家（资产阶级）和新兴的中产阶级的壮大与发展，俄国的社会结构也开始发生变化。

所有这些政治和社会经济的动荡也刺激了一些自下而上的改革运动，其中也包括一些革命运动。"西化派"认为俄罗斯的前途与西欧的前途息息相关，并主张建立宪政政治秩序和促进经济快速发展。相比之下，斯拉夫派（Slavophiles，字面意思是"拥护斯拉夫人"）认为俄国在文化、道德和政治上都优于西方，因此反对西化，青睐东正教和农民公社（mir）等传统机构。民粹主义者（narodniki）也关注农民，希望以农民公社为基础，建立相应的社会，他们认为农民公社是社会主义的一种萌芽形式。19世纪70年代，他们发动了一场"到群众中去"的运动，向广大农民宣传革命思想。虚无主义者（nihilists）代表了一种更为激进的倾向，他们拒绝包括政府与教会在内的各种政府机构，并赞成将个人从所有宗教、政治和家庭义务中解放出来。虽然所有这些运动都在19世纪中叶赢得了拥护者，但马克思主义在俄国几乎没有存在感，在未来的几年内也是如此。

19世纪的欧洲人越来越关注俄国，特别是俄国的文化。尽管俄国的政治和经济停滞不前，但该国在19世纪经历了文化复兴。俄国小说闻名于世，其中包括费奥多·陀思妥耶夫斯基（Fyodor Dostoyevsky）的《罪与罚》、伊凡·屠格涅夫（Ivan Turgenev）的《父与子》、列夫·托尔斯泰（Leo Tolstoy）的《战争与和平》（有人认为这是有史以来最伟大的小说）等具有永恒和普遍感染力的作品。俄罗斯作曲家的古典音乐（在当时与现在）为全世界的人所熟悉，作品有彼得·伊里奇·柴可夫斯基（Pyotr Ilich Tchaikovsky）的《胡桃夹子》与《天鹅湖》，莫杰斯特·穆索尔斯基（Modest Mussorgsky）的《图画展览会》和《荒山之夜》，以及尼古拉·里姆斯基－科萨科夫（Nikolay Rimsky-Korsakov）的《天方夜谭组曲》。

1905年：革命序幕

在19世纪俄罗斯文化蓬勃发展，工业化改变经济的同时，无论是在国内还是在对外关系中，独裁统治仍然僵化、落后，而且效力每况愈下。俄国在1904—1905年的日俄战争中遭受了耻辱性的损失，这也是近代史上第一次欧洲国家在与亚洲国家的战争中败北。

日俄战争期间，俄国爆发了一场反对独裁政权的起义。1905

年 1 月，在圣彼得堡沙皇冬宫前，一位名叫加蓬神父的东正教牧师领导了一场大规模的和平示威。卫兵向抗议者开枪，数百人死于枪弹之下，这天在俄国历史上也被称为血腥星期日（Bloody Sunday）。大屠杀引发了全国范围的罢工和示威游行，到秋天时，整个国家陷于瘫痪。沙皇尼古拉斯二世发表了一份和解宣言，允许组建一个民选立法机构杜马（由俄文 дума 音译过来，在俄语中意为"议会"）。到年底，革命运动逐渐平息。杜马是俄国历史上第一个国家代表机构，虽然它从未有过太大的权力，但它确实为包括自由党和社会主义者在内的合法政治团体和政党的出现提供了空间。

尼古拉斯二世统治时期是俄国社会发生重大变化和发展的时期。一位历史学家将这一时期描述为"一个困难时期"，但同时也是一个"自我审视、尝试新体制和新梦想"[1]的时期。该时期内，经济改革和发展进一步深化，中产阶级不断壮大，越来越多的农民获得解放。1905 年以后，政治和艺术上拥有更多的言论自由，俄国成为音乐（如伊戈尔·斯特拉文斯基）和视觉艺术（如瓦西里·康定斯基的抽象艺术）的先锋派中心。但更加开放的环境也暴露了俄罗斯帝国长期以来压抑的紧张局势，包括政治自由主义者和革命者不断施加压力，以及波兰人、乌克兰人、拉脱维亚人、亚美尼亚人和中亚突厥人日益觉醒的民族主义。最终推翻帝国的两股力量是马克思列宁主义和第一次世界大战。

附文 10.1

俄国文学中的"第一位布尔什维克党"

19 世纪的俄国，沙皇的审查制度和秘密警察对大多数形式的政治反对派实施镇压，俄国文学和艺术也因此成为社会批判和政治异议的主要载体。19 世纪最具影响力的两本文学著作是由伊凡·谢尔盖耶维奇·屠格涅夫（Ivan Sergeyevich Turgenev，1818—1883）撰写的，他与卡尔·马克思同年出生，且同年去世。尽管如今他的知名度与同时代的陀思妥耶夫斯基和托尔斯泰相比稍显逊色，但在 19 世纪中叶，屠格涅夫是俄国最著名的作家，也是第一位享誉国外的俄国作家。他的《运动员素描》（1852）描绘了农民的悲惨境遇，并在全国（读者包括沙皇亚历山大二世）广为传阅，引发了关于农民地位的讨论与争论；也可能是这个原因，1861 年沙皇解放农奴。他的代表作《父与子》（1862）同时讲述了浪漫的爱情、代际冲突、变革与传统、改革与革命之间的紧张关系。

屠格涅夫本人就体现了这些紧张关系。他在一个雇佣农奴的富裕庄园长大，该庄园属于一个受过教育的家族，该家族内的成员在家都讲法语；同时，他在西方生活了多年。在德国学习后，他说："我发现自己是一个西化者。"但他仍然投身于俄国以及俄国的农村。25 岁时，他爱上了一位年轻但已婚的西班牙表妹唐娜，并在无望的迷恋中，跟随她一起在欧洲度过了余生。他在法国去世，遗体被运回俄国安葬。

在《父与子》中，主角是巴扎罗夫，是一位年轻的学生和医生，他自称是一位虚无主义者，拒绝一切不能通过观察、实验和科学建立的东西。他否定一切权威，事实上，他是否定"一切事物"，认为重建社会"必须扫清障碍"。在这部小说中，他对浪漫主义、保守主义甚至自由主义都提出了挑战和反对。他的主人尼古拉是一个体贴善良的庄园主，他在农奴解放前就解放了自己的农奴，但巴扎罗夫对老人既不同情也不尊重。巴扎罗夫的革命言辞，以及他不折不扣的意识形态和对科学的执着，使得一些小说评论家将他称为"第一位布尔什维克党"，因为小说问世30年后，列宁领导的布尔什维克党才成立。

马克思主义与列宁主义

正如我们在第五章所知，卡尔·马克思等人最早在19世纪提出共产主义思想。19世纪50年代以后，马克思主义已被随着城市工人阶级扩张而蓬勃发展的社会主义运动和政党所采纳应用，有点讽刺的是，马克思的共产主义思想并不是在一个先进的资本主义国家复兴，而是在欧洲强国中最不发达的俄国焕发新生。

出于多方面原因，马克思主义意识形态对为俄罗斯帝国的根本变革而努力的群体而言，非常具有吸引力。首先，许多俄国激进分子试图改变俄国农民（前几十年民粹主义者的目标）未果，在沮丧中放弃了努力，进而转向马克思主义者关注的城市工人——无产阶级，认为他们更容易接受变革。马克思主义的科学和反宗教因素也吸引了许多俄国知识分子，他们是该国改革和革命运动中的推动者。马克思主义吸引人的地方在于它有可能使俄国更加现代化和"开明"。马克思主义理论也有助于将俄国的落后解释为历史发展过程的一部分，而不是俄国自身存在的缺陷。最后，马克思主义在宣传策略上有一些优势，因为俄国统治者和秘密警察认为它是无害的!

1898 年，国外的俄国激进分子组成了马克思社会民主工党。尽管规模不大，但在几年内，这个新生的政党分裂成两个派系，布尔什维克（多数派）要求俄国迅速进行革命，孟什维克（少数派）则主张采取更为渐进的方式。1917 年，弗拉基米尔·列宁领导的布尔什维克党在俄国十月革命中夺取政权。

列宁于 1870 年出生在一个中产阶级家庭。他的哥哥在 1887 年因为密谋刺杀沙皇而被绞死，这也让列宁变得更加激进。他参与革命活动并被捕，并在西伯利亚流放了三年。从 1900 年开始，他大部分时间都在俄罗斯以外的地方度过，并筹划在他的国家进行一场推翻沙皇统治的终极革命。

对于列宁和其他俄国马克思主义者来说，俄国的处境带来了一些困境和挑战。马克思曾假定，在一个财富积累充裕、无产阶级庞大的发达资本主义国家中，会率先爆发一场革命。而 1900 年的俄国仍然是一个以农业为主的国家，刚刚开启工业化进程，工人阶级只占总人口的 3%。列宁通过对马克思的原始理论提出一些修改，解决了这一尴尬的局面。在 1902 年撰写的名为《做什么？》的文章中，他认为，由于俄国工人阶级规模小、力量弱，有必要建立一支"无产阶级先锋队"，一支人数少、纪律严明的精英队伍，促进工人革命意识的觉醒，带领工人走向革命。布尔什维克党将扮演该角色。

另一个困境是俄国资本主义并不发达。俄国的马克思主义者一定要像马克思所阐述的那样，等待资本主义发展，直到矛盾激化到不可调和的程度再发动革命吗？对列宁来说，答案是俄国跳过资本主义发展阶段，直接从封建主义向共产主义过渡。不过，要做到这一点，俄国需要其他较富裕国家的援助，以提供共产主义运转所必需的物资。他认为，之所以会发生这种情况，是因为俄国革命将打破西方帝国主义所维系的世界资本主义链条中最薄弱的一环。列宁写道，"帝国主义"是"资本主义的最高阶段"，也是最后一个阶段。一旦俄国人建立了自己的革命政权，其他较发达资本主义国家的工人就会受到鼓舞，从而在自己国家内部发动革命。因此，这些国家可以帮助俄国维系革命，从而实现马克思的设想。随后，苏联领导人提到他们的共产主义意识形态时，他们称为马克思列宁主义。

第一次世界大战与两次革命

如果不是因为第一次世界大战期间俄国的衰败和崩溃，列宁与布尔什维克党可能已经消失在他的厚重的历史著作中了。前一章提到，战争对所有欧洲国家都产生了毁灭性的影响，但对俄罗斯帝国的影响最大。步履蹒跚的政治体系在这场战争中不堪一击，俄国人遭受的伤亡比其他任何交战方都要多得多。尼古拉斯二世，虽然是一个善良的居家男人，却是一个软弱无能的领袖。他大部分时间都在前线作战，试图指挥那里的军事行动。他把政府的运作交给了他的妻子亚历山德拉和一个有影响力但性格古怪的和尚格里高利·拉斯普金，他有催眠能力帮助亚历山德拉患血友病的儿子止血。

到 1917 年年初，军队和国家都濒临崩溃。士兵们供不应求，有时被派到战场上，连武器都没有配备，甚至连靴子都没有。1400 多万农民在服兵役，导致全国粮食短缺。同年 3 月，面包骚乱（由妇女开始）、罢工和示威活动震撼了首都彼得格勒（为了避免名字读起来像德国名，圣彼得堡在战争期间更名）。被召集来维持秩序的部队军官发动叛乱。尼古拉斯二世被迫退位，从而终结了罗曼诺夫王朝长达 300 年的统治。

杜马建立的临时政府承诺组建一个宪政政府并举行自由选举。但它犯了一个致命的错误，那就是没有让俄国退出第一次世界大战，从而削弱了它的声望和合法性。与此同时，举国上下，工人和士兵建立了一个名为苏维埃（或地方议会）的替代管理机构。彼得格勒苏维埃中，布尔什维克和其他社会主义者认为形势已经发生变化，于是，该机构接管了一些城市管理职能，并日益挑战临时政府的权威。

1917 年 4 月，列宁结束流放生活，返回彼得格勒，召集布尔什维克人，承诺"和平、土地和面包"，并呼吁"所有权力归苏维埃所有"，直接挑战临时政府。接下来的几个月里，布尔什维克在全国各地的苏维埃中逐渐占据主导地位，那年秋天，布尔什维克在彼得格勒苏维埃和其他地方赢得了多数席位。11 月 7 日，布尔什维克及其彼得格勒苏维埃中的支持者占领冬宫，解散临时政府，夺取政权。1927 年，导演谢尔盖·艾森斯坦（Sergei Eisenstein）在电影《列宁在十月》中描述了这些事件，展示了数百名市民一路开枪，占领冬宫。[4] 事实上，真正的事件几乎没有流血伤亡，《列宁在十月》中冬宫的破坏程度比 11 月 7 日事件本身更大。尽管如此，艾森斯坦所描绘的这一事件版本成为俄国革命的标志，每年 11 月 7 日，苏联都会举行游行、演讲，以及悬挂张贴马克思、恩格斯和列宁的巨幅海报，纪念这一象征首次共产主义革命的日子。

布尔什维克运动在俄国革命时期不是规模最大的政治运动，却是组织得最好的运动之一，列宁是一位有魅力的演说家和领袖。在战争的混乱和几乎无政府状态下，这些特点足以确保布尔什维克的胜利。列宁迅速采取行动巩固政权，铲除或压制敌对党派，从而建立苏维埃政府。随后，布尔什维克改名为共产党。为了履行列宁的承诺，新建立的政权与德国开始进行谈判，让俄国退出战争，并于 1918 年 3 月签署了《布列斯特 – 利托夫斯克条约》（The Treaty of Brest-Litovsk）。依据该条约，俄国不得不承认德国的大部分领土要求，失去了战前四分之一的人口和四分之三的钢铁产区。列宁认为，这些损失是偶然和暂时的，因为布尔什维克夺取政权只是世界革命的第一阶段，德国本身也将在不久的将来爆发同样的革命。

内战、新经济政策与政权巩固

与德国签订的条约结束了新生共产主义政府面临的一个重大问题，但随后，它立刻就面临着一系列威胁生存的新问题。沙皇、临时政府、其他政党的支持者等所有反对派组织起来反抗新政府，引发了持续四年的毁灭性内战。布尔什维克担心沙皇尼古拉斯二世在内战期间会集结这类反对势力，于是在 1918 年处决了他和他的家人。

布尔什维克也面临来自其他方面的挑战。新成立的波兰政府是《凡尔赛条约》的产物，并入了德国人撤离后的地区，并与俄国人发生冲突。波兰和苏维埃的战争持续了 20 个月，最终，列宁求和，战争才结束。与此同时，曾是俄罗斯帝国一部分的其他民族纷纷宣布独立，有时还在乌克兰、芬兰、高加索和波罗的海与布尔什维克作战。为了使局势更加复杂和激化，法国、英国、美国和日本军队卷入了其中一些冲突，对抗布尔什维克党。

到 1921 年，共产主义者击败了大部分的白俄（反布尔什维克的势力）军队，解决了与波兰的冲突。外国军队已从俄国撤出。但长达八年的战争、革命、恐怖、内战和饥荒，将这个国家摧毁得破败不堪。列宁还呼吁在国内战线休战，宣布了一项新经济政策（NEP），旨在通过赋予农业、工业和贸易更大的自由以振兴经济。这也是一个巩固时期。1922 年，共产主义者建立了苏维埃社会主义共和国联盟（苏联），最初由俄罗斯、白俄罗斯、乌克兰和高加索组成，但经过多年的发展，其版图已包括 15 个加盟共和国。1924 年，苏联最高苏维埃正式通过宪法，宣布苏联的成立是"团结各国工人组成世界苏维埃社会主义共和国的决定性一步"。

斯大林掌权

然而，1924年，弗拉基米尔·列宁的去世，新经济政策下的相对平静和经济复苏时期中断。他的遗体经过防腐处理，放在莫斯科红场一座陵墓的水晶棺里，至今仍保存在那里。列宁没有明确的继承人，经过持续的权力斗争，约瑟夫·斯大林（Joseph Stalin，1879—1953）成了共产党的领导人。斯大林首先在1928年启动了第一个五年计划（five-year plan），该计划的重点是迅速实现苏联经济工业化和农业集体化。五年计划成为苏联经济的一个持续特征，它要求在中央政府部门中就工资、价格和每种产品的产量做出几乎所有的经济决策。供求和其他市场规则在苏联经济中不再发挥任何作用。

集体化指农民个人所有财产并入集体农场，该进程遇到了许多阻力，特别是来自富农的阻力，他们中的许多人烧毁了庄稼，毁坏了牲畜，就是不把牲畜捐给集体。到1937年，几乎所有的土地都被收归集体所有，但付出了巨大的代价。

集体化主要是斯大林为了实现更大目标的一项工具，是苏联从农业国迅速转变为工业强国以缩小与西方经济差距的途径。集体化进程促进了重工业的快速发展，在五年计划的第一个十年里，有2000万人从农村迁入城市。在这个目标上，斯大林也取得了很大的成功。1928年至1939年，钢铁产量增长了四倍，到1939年，苏联的工业总产值超过美国和德国。

俄国革命的影响与意义

1789 年的法国大革命是欧洲第一次推翻君主制，而 1917 年的俄国大革命推翻了欧洲最后一个专制君主制。这本身就标志着这一事件在欧洲历史上具有重大意义，但俄国革命与法国大革命一样，影响要广泛得多。虽然法国革命者试图实践自由主义和启蒙运动的一些原则和理想，但他们的俄国同人不仅实践了这些原则，而且把他们的国家建立在 19 世纪马克思社会主义的理想之上。他们取得了一些成功，但也付出了巨大的代价。

从积极的层面来看，斯大林领导下的共产党，能够将俄国从一个以农业为主、经济不发达的国家转变为一个经济、政治和军事大国。事实上，到了 20 世纪 60 年代，它和美国成为全球两个超级大国。如果斯大林没有实现工业和军事发展的目标，苏联很可能就无法击退 1941 年纳粹德国发动的入侵战争。

此外，苏联在实现马克思主义社会福利和平等主义目标的同时，也推动了经济发展。苏联几乎没有失业，因此也没有赤贫。卫生保健和教育（一直到大学教学）都是免费的，同时，住房、食品和公共交通由国家提供大量补贴，对消费者来说非常便宜。尽管政府从未试图实现完全平等，但贫富之间的差别远小于资本主义国家。对于上述革命成果，马克思会感到非常欣慰。

苏联在世界舞台上变得越来越强大且具有影响力。通过共产国际（the Comintern），莫斯科帮助各国建立共产党，并鼓励世界各地的革命运动，其中包括中国共产党。第二次世界大战期间，苏联在纳粹德国的进攻中首当其冲，但正是苏联军队设法将东欧从德国人手中解放出来，并于 1945 年占领柏林，迫使德国投降。这使得莫斯科在欧洲中心地区拥有无可比拟的实力，并在随后出现的冷战中与另一个新兴大国——美国对峙。在世界其他地方，苏联及其经济上的成功成为第三世界左派、反帝派和革命者的典范。事实上，到了 20 世纪 70 年代，世界上几乎一半的人口，都生活在受俄罗斯共产党鼓舞或支持的国家中。

第十一章
第二次世界大战与大屠杀

　　1919—1920 年的巴黎和平协定结束了第一次世界大战中激烈的分歧和看似没完没了的冲突。欧洲的参战国被摧毁，筋疲力尽，并渴望和平、稳定和正常，许多欧洲政府（和美国）重新回到孤立主义的中立立场，或者和平主义。巴黎协定，包括影响德国的关键条约——《凡尔赛条约》，在德国建立了民族和民主国家，同时在东欧也建立了新国家，并组建了国际联盟，以保护和平和防止未来可能发生的战争。欧洲大陆的大部分地区开始摆脱战乱冲突的滋扰，进入一段稳定的时期，各国也纷纷松了口气。

　　然而，即使在战后第一年，仍有风暴笼罩在地平线上，欧洲国家遭遇经济危机和通货膨胀，战败国（特别是德国）对《凡尔赛条约》极度不满。到了 20 世纪 30 年代，由于全球经济萧条削弱了世界各国，许多新建立的欧洲民主国家遭到了内部或外部的颠覆，一切都在分崩离析。在德国，阿道夫·希特勒利用经济困境和人民不满，夺取了绝对权力，并开始创设他的第三帝国（Third Reich）（译者注：1933—1945 年的德国纳粹政权）。他发动侵略性的军事行动，以收回德国领土，然后征服整个欧洲，这一行径导致了第二次世界大战的爆发，这次大战比前一次战争更具破坏性，并引发种族大屠杀。美国像第一次世界大战那样进行了干预并参战，最终结束战争，美国和苏联结成强大联盟，最终粉碎了纳粹德国。但是，随着战争的结束，这种战时友谊恶化为敌对、不信任，由此，全世界进入了一段被称为"冷战"的政治和军事紧张期。

两次世界大战期间的欧洲

伍德罗·威尔逊曾把美国带进一战，承诺"为了民主发展而营造一个安全的世界"，他的"十四点"计划呼吁在中欧实现民族自决和民主政治。在很大程度上，巴黎和平协定推动了这些目标的实现，这些协定让奥地利、匈牙利、捷克斯洛伐克和南斯拉夫从旧的哈布斯堡帝国独立出来，成为新的民族国家，以及让波兰、芬兰、拉脱维亚、立陶宛和爱沙尼亚摆脱旧的俄罗斯帝国统治。它们都通过了成文宪法，立法机关通过普选产生。在魏玛市，德国国民议会还通过了一部宪法，建立民主共和国——魏玛共和国（Weimar Republic）。在奥斯曼帝国的废墟中，由穆斯塔法·凯末尔 [Mustapha Kemal，后来被命名为凯末尔·阿塔特克（Kemal Ataturk）] 领导的民族主义革命废除了苏丹国和哈里发国，建立了一个土耳其世俗民主共和国，这是第一个将宗教与政府分离的伊斯兰国家。20世纪20年代，即使在已建立的民主国家，民主也取得了进步，例如，在英国和美国，女性也享有投票权。

德国被重建为一个民主共和国，尽管国内各政治派别都在激烈和持续地抗议，但它也被迫接受《凡尔赛条约》的条款。该条约不仅让德国承担在第一次世界大战应负的责任，并向新政府支付赔偿金，还通过恢复一个独立的奥地利，将阿尔萨斯－洛林归还法国，将萨尔领土和莱茵兰置于法国或同盟国的占领下，把西普鲁士的大部分土地割让给波兰，并在国际联盟的支持下建立一个自由的港口城市——丹泽，由此一来缩减了德国的国土面积。此外，该条约以命令的形式，将德国的海外殖民地（如非洲）置于国际联盟的控制之下，并限制了德国军队和军备。

对德国人来说，所有这些羞辱性条款加上赔偿金，最终折合金额为 330 亿美元。该国根本无法支付这些款项（从长远来看，只支付了其中的一小部分），因此政府开始印刷更多的货币，这导致了空前的恶性通货膨胀，使德国货币（马克）几乎一文不值。到 1923 年，汇率是 1 美元兑 4 万亿马克。德国家庭不得不把装满现金的手推车运到商店，只是为了买一条面包。

第二年，美国一个专家委员会制订的道威斯计划（Dawes Plan）规定减少赔款，稳定德国财政，方便德国向国外借款，自此，局势才稍微稳定了一些。接下来的几年里，德国和欧洲其他国家都经历了一段经济增长和相对稳定的时期。1926 年，德国获准加入国际联盟。1928 年，由美国和法国外交部长制定、65 个国家签署的《凯洛格－白里安条约》（译者注：著名的《非战公约》）宣布放弃战争作为政策工具。又一次，这似乎预示着一个和平稳定时期即将到来。

随后，美国股市崩盘，迅速导致全球经济萧条。到 1929 年，由于投机猖獗，美国的股票价值被抬到惊人的高度。10 月股市崩盘后，股价一个月内骤跌 40%，三个月内下跌 75%。5000 家银行倒闭，许多公司破产。美国在海外的投资几乎停滞，美国贸易量急剧下降，德国和欧洲大部分地区经济复苏的势头由此被削弱。从 1929 年到 1932 年，世界经济产量下降了 38%，世界贸易下降了三分之二。德国受到的打击尤其严重，比欧洲任何一个国家都更严重。但在整个欧洲大陆，随着失业率的飙升和食品供应线压力增加，人们开始寻找答案，并要求经济安全。对于强有力的领导人和煽动者来说，时机已经成熟。新形成的民主政体在压力下枯萎了。

军国主义与法西斯主义抬头

希特勒在这种环境下崛起，但他并不是第一个或唯一一个在两次世界大战期间上台的右翼独裁者。在他之前，最重要的右翼分子是贝尼托·墨索里尼（Benito Mussolini，1883—1945）。1922 年，他夺取了意大利政权，并在一个自 1861 年统一后就一直保留议会政府的国家内，建立了欧洲第一个法西斯专政政体。墨索里尼 1883 年出生，他的父亲是一名铁匠，年轻时曾涉足革命活动和激进的新闻工作。他曾在第一次世界大战中服役，战后组织了一支战斗队伍，主要由他称为"法西斯分子"的退役士兵组成。法西斯主义（Fascism）作为一种政治意识形态出现，是反共产主义、反社会、好战的民族主义，主张在必要时刻通过独裁统治维护经济安全以及建立法律秩序。

战后几年，意大利和德国一样，饱受战后巨额债务、经济萧条和失业之苦。1921 年和 1922 年，当大范围的罢工和示威几乎使国家瘫痪时，墨索里尼和他的法西斯分子，被称为"黑衫军"，威胁要接管政府，并承诺恢复秩序和稳定。在墨索里尼最后通牒的威胁下，国王任命他为首相。议会随后授予他一年的临时紧急权力，以恢复该国的秩序。几年内，墨索里尼削弱了议会的影响力，对新闻界实施审查制度，废除了除法西斯分子以外的所有政党。他获得了"元首"的称号。

阿道夫·希特勒的早期生活在某些方面与墨索里尼相似，在墨索里尼掌权后，希特勒有意识地效仿墨索里尼的战术和成功秘诀。希特勒出生在奥地利，父亲是一名海关官员，但他十几岁的时候便失去了双亲。他早年在维也纳和慕尼黑度过，是一位不得志的艺术家，大多情况下都处于失业和贫穷之中。他对第一次世界大战的爆发表示欢迎，并以优异的成绩服役，成为一名下士，因勇敢而获得铁十字勋章。战后，他成立了德国社会主义工人党（National Socialist German Workers' Party），后来被称为纳粹党（Nazi Party）。1923 年，也就是墨索里尼进军罗马的第二年，希特勒和他的纳粹分子在德国南部的巴伐利亚州，试图夺取政府的控制权，后来被称为慕尼黑啤酒馆政变（Munich Beer Hall Putsch）。政变被军队镇压，14 名纳粹分子被杀，希特勒被判入狱。

在他入狱的那一年里，希特勒写了一本冗长的回忆录，名为《我的奋斗》，该回忆录 1925 年出版，随后成为畅销书。这本书集自传、种族主义、民族主义、历史理论和反犹太主义于一身。这本书出版 15 年后，纳粹党在奥斯维辛集中营毒杀犹太人，而在这本书中，希特勒就已经提出了他的种族等级和至高无上的思想。他借用了一些社会达尔文主义和优生学的言论，猛烈抨击人类的"杂交"，称这"违背了自然对所有生命的更高繁衍的意愿"。在题为"民族和种族"的一章中，他谩骂犹太人和共产主义者，最后，他呼吁建立一个"属于德意志民族的德国民族国家"，他写道："强者必须统治弱者，而不是与弱者融合，从而牺牲自己的伟大。只有天生的弱者才会认为这是残酷的。…… 因为如果这一规则不占上风，任何可以想象的有机生物的更高发展都将变得遥不可及。"

　　对希特勒发动政变的审判和《我的奋斗》的出版，使他成为一个具有全国知名度的政治人物。但他出狱后的几年是德国相对繁荣和稳定的几年（道威斯计划实施后的几年），希特勒和他的纳粹失去了号召力和民众支持。然而，当1930年经济大萧条重创德国时，希特勒对《凡尔赛条约》、犹太人、共产主义者、外国人和魏玛共和国提出了新的指控。随着经济崩溃以及失业率飙升至30%，德国人开始从左翼和右翼寻求激进的解决方案，对共产党和纳粹党的支持也在增加。在立法选举中，纳粹党的得票支持率从1928年的3%上升到1930年的18%，进而到1932年的37%。到那时，纳粹党虽然没有占据多数席位，但已经是议会中最大的政党。没有其他政党愿意与希特勒合作组成联合政府，以兴登堡总统为首的传统保守党都认为，他们可以通过允许希特勒进入政府，并将他与自己的同僚限制在内阁中来控制希特勒。因此，1933年1月，兴登堡总统任命希特勒为德意志共和国总理。

　　希特勒的任命引发了纳粹党对社会主义者、共产主义者、犹太人和其他反对纳粹主义者的迫害浪潮。希特勒开始效仿十年前墨索里尼在意大利所采用的方式，巩固其在德国的权力。当一场大火在选举前一周烧毁国会大厦时，希特勒将其归咎于共产党人，用红色恐慌恫吓立法者和公民，并宣布国家进入紧急状态。立法机关投票授予他专政权。7月，希特勒宣布纳粹党是唯一合法的政党。他发起了一项公共工程项目（和重新武装），很快吸收了德国几乎所有的失业者。第二年兴登堡总统去世时，希特勒合并了他控制下的总统和总理办公室，并宣布建立第三帝国。和墨索里尼一样，他获得了元首的头衔。至此，又一个极权主义国家的地基已经打好，将与墨索里尼所建立的极权主义政权齐名。

希特勒的侵略

希特勒谴责《凡尔赛条约》，呼吁恢复德国的荣誉、自豪感和权力，并恢复失去的德国领土，一方面这使他声名狼藉，另一方面却得到了民众的支持。在就任总理后的几个月内，他开始以一系列稳步升级的激进举措履行这些承诺。1933 年 10 月，他使德国退出国际联盟，谴责当时正在进行的裁军谈判。到 1935 年，他违反《凡尔赛条约》的规定，开始重新武装德国，并实行了义务兵役制。国际联盟谴责德国，但没有采取其他行动。1936 年，希特勒将德国军队迁入莱茵兰（德国西部边境），这是一个根据《凡尔赛条约》被永久非军事化的地区。同年，希特勒与墨索里尼的意大利（罗马–柏林轴心国）和日本的军事政府签署了共同防御和援助条约。在 1936—1939 年西班牙内战期间，政府军与弗朗西斯科·佛朗哥（Francisco Franco）的法西斯叛军交战，希特勒和墨索里尼合作协助佛朗哥，为他们的军队和武器提供了试验场（见附文11.1）。

到了1938年，希特勒迫切要求把所有德国人都纳入大德意志帝国。同年3月，他率领德国军队进军奥地利，宣布奥地利与德国合并，并以胜利者的姿态驱车前往维也纳。即使在这之后，国际联盟和西方列强都没有做出回应，一部分是因为越来越多的人认为德国的民族主义主张是有一定道理的。吞并奥地利使德意志帝国新增了大约600万人，随后，希特勒开始抱怨捷克斯洛伐克苏台德地区的300万德国人的生活状况，认为这种生活环境是无法忍受的。当德国即将入侵捷克斯洛伐克的谣言传开时，法国、英国和苏联政府向希特勒发出警告。1938年9月，希特勒邀请英、法两国总理内维尔·张伯伦（Neville Chamberlain）和爱德华·达拉第（Edouard Daladier）以及意大利首相墨索里尼在慕尼黑举行会议，讨论有关局势。在最终达成的协议中，四国相互放弃战争，将苏台德地区割让给希特勒，并保证捷克斯洛伐克其他地区的领土完整。张伯伦回到伦敦，声称他已经实现了"光荣的和平"。六个月后，希特勒入侵并吞并了捷克斯洛伐克的其他地区。

附文 11.1

毕加索的《格尔尼卡》：艺术、战争与政治

毕加索的《格尔尼卡》是20世纪最著名的画作之一，生动地描绘了1936—1939年西班牙内战期间，画家家乡在西班牙内战中的恐怖和苦难。这场战争因民选（和左派）共和党

政府与弗朗西斯科·佛朗哥将军指挥的右翼分子和军队（民族主义者）之间出现对立而引发。佛朗哥的军队得到了墨索里尼领导的意大利和希特勒统治下的德国的协助。1937年，德国空军为了支持佛朗哥，轰炸并扫射了共和军的强大据点格尔尼卡的巴斯克小村庄，炸死了1600多名成年男女和儿童。这是世界上第一次以平民为目标的空袭，也是第二次世界大战的序幕。

这次屠杀无辜平民的事件震惊了全世界，包括当时居住在巴黎的毕加索。他的大型画作，超过11英尺高，25英尺宽，使用了报纸上描绘悲剧的照片所用的黑色、灰色、白色。这是一个彻头彻尾的幻觉噩梦。一个女人怀里抱着一个死去的孩子，一脸悲伤；女人被火焰包围时尖叫。一匹尖叫的马，被长矛刺穿，代表着受苦受难的西班牙共和国。

这幅画轰动一时；它在世界各地的巡展引起了人们对西班牙内战的关注。它也成为全球反战的象征，象征着战争的悲剧和战争给个人特别是无辜平民带来的痛苦。

毕加索拒绝把这幅画送到西班牙，直到西班牙建立起民主制度，他才把这幅画送回，这期间经历了很长时间。佛朗哥赢得了内战，并于1939年掌权，统治西班牙近40年。随着欧洲其他国家在"二战"后的复苏和增长，西班牙仍然相对贫穷和不发达，孤立无援，并被排除在欧盟之外。直到1975年佛朗哥去世、西班牙重新建立民主制度之后，《格尔尼卡》才回到西班牙。但那时，毕加索也已经去世了。

从那时起，张伯伦和慕尼黑的名字就与绥靖策略联系在一起。但是，1938 年，没有一个大国准备在军事上对抗希特勒。旧的联盟力量平衡体系在第一次世界大战中崩溃了，无论如何，由于西方对苏联共产党的不信任，传统制衡德国的力量是不可能的，而德国是英国和 / 或法国与俄国的侧翼联盟。国际联盟取代了此前的力量平衡体系，然而在对抗日本、意大利和德国的军事侵略方面已被证明毫无效用。苏联领导人约瑟夫·斯大林对纳粹德国肆无忌惮的军国主义产生警觉，他在 1939 年 8 月与希特勒签署了《苏德互不侵犯条约》，为自己争取了一些时间。这项协议是公开的，但在一项秘密协议中，德国和苏联同意在战争中分裂波兰，并承认苏联在波罗的海国家的影响力。纳粹－苏维埃条约签署一周后，德军以超过 100 万的兵力入侵波兰，英法两国立即向德国宣战。对于当时那一代人来说，欧洲第二次陷入战争。

第二次世界大战

这时，希特勒的目标已经不仅限于恢复"德国"领土，而是为了他不断扩大的"优等民族"而吞并东欧的生存空间，于是他把魔爪伸向了波兰。1939 年 9 月，德国对波兰的进攻中，采用了闪电战（blitzkrieg）的新军事战术，即用大量人力、空中力量和装甲部队进行闪电战，以达到迅速歼灭敌人的目的。波兰在一个月内沦陷，希特勒开始占领波兰。与此同时，苏联援引秘密协议入侵并占领了波兰东部，这是他们在 1919—1920 年的波苏战争中失去的地区。1940 年春，纳粹军队入侵挪威和丹麦，随后又在荷兰、比利时和卢森堡发动了一次闪电战，并进入法国，迫使法国在六周内投降。希特勒以惊人的速度轻松占领了欧洲大部分地区。

1940 年夏，英国是唯一一个仍与德国交战的国家。温斯顿·丘吉尔接替内维尔·张伯伦担任首相一职，在一场无情的战争中，除了"鲜血、艰难、眼泪和汗水"之外，他什么也没有承诺，这场战争针对的是"一个在黑暗、可悲的人类犯罪目录中无法超越的可怕暴政"[1]。希特勒对英国发动了一场空袭，对伦敦和其他城市进行了轰炸，这是全面入侵伦敦的前奏。但是，英国皇家空军有实力阻止德国在空中的霸权地位，在丘吉尔的鼓舞下，平民在死亡、毁灭和贫困面前，仍然保持高昂的士气。

由于无法制服英国，希特勒将注意力转移到了更重要的目标苏联，尽管 1939 年签订了《苏德互不侵犯条约》，但从一开始他就打算入侵和占领苏联。1941 年 6 月 22 日，德国发起了对苏联的军事攻击，历史上称为巴巴罗萨行动（Operation Barbarossa），300 万人沿着一条 2000 英里长的战线前进。几个月内，德国军队包围了列宁格勒，到达莫斯科 25 英里以内。德国和苏联之间的斗争是欧洲战场上唯一真正的战斗，这场战斗持续了三年，直到同盟国登陆并进入意大利（1943 年 9 月）和法国（1944 年 6 月）才结束。战争造成的伤亡绝大多数是苏联人，苏联遭受了大约 800 万军人损失和至少 1800 万平民伤亡。在 1942—1943 年冬天爆发的斯大林格勒战役中，苏联军队损失的兵力超过了美国在两次世界大战中损失兵力的总和，然而这却是击败德国的一个转折点。

斯大林格勒战役之后，苏联取得了稳定的进展，把德国人赶出了乌克兰和白俄罗斯这两个苏维埃共和国，然后通过波兰向柏林挺进。与此同时，苏联军队向西南方向进入罗马尼亚、保加利亚和匈牙利，这些国家都与纳粹德国结盟。与此同时，1944 年 6 月诺曼底登陆（"D-Day"）中， 13 万英国、美国和加拿大军队在一天的时间内登陆法国海滩，在一个月内登陆 100 万。到 1945 年 3 月，盟军越过莱茵河进入德国境内，苏联军队占领了布达佩斯和维也纳，不久将占领柏林。希特勒自杀，德国政府于 1945 年 5 月投降，欧洲战争结束。但是太平洋战区的对日战争仍在继续，直到 8 月广岛和长崎的原子弹爆炸才迫使日本人投降。

大屠杀

战争结束，当盟军解放纳粹控制区时，他们偶然发现了达豪和布痕瓦尔德的集中营，还有奥斯维辛集中营、特雷布林卡集中营和其他地方的毒气室和火葬场。直到那时，纳粹对犹太人的种族灭绝政策才完全公之于世。

然而，希特勒和纳粹的反犹太主义从一开始就显而易见，并在《我的奋斗》中生动地表现出来，他系统地羞辱和贬低犹太人，并称他们为非德国人和非人类。不过，起初希特勒纳粹政府的政策是鼓励或恐吓德国 60 万犹太人离开德国，而不是杀害他们。1935 年的《纽伦堡法令》将犹太人确定为臣民而不是公民，禁止他们从事各类职业，并对犹太人与非犹太人之间的通婚和性关系加以限制。1938 年 11 月，官方的反犹太主义变得暴力起来，在帝国水晶之夜（又称碎玻璃之夜），纳粹突击队抢劫并捣毁犹太人商店和犹太教堂，殴打数千名犹太人，并围捕数万人送往集中营。此后，纳粹党进行了一场威胁和恐吓运动，以迫使犹太人移民。

1941 年，德国占领苏联领土，纳粹党在攻占的土地上大规模杀害犹太人，由此，对犹太人的真正屠杀（后来被称为"种族大屠杀"）拉开序幕。大约在同一时间，纳粹领导层决定，"犹太人问题的最终解决办法"是采取歼灭的形式。1942 年年初，政府决定加速齐克隆 B（ZyklonB）毒气的实验；同时，在特雷布林卡、奥斯维辛集中营和其他地方建立专门的死亡营地；并组织相关人员，将全欧洲的犹太人运送到这些营地。接下来的三年，约有 600 万犹太人在这些难民营中丧生，其中包括波兰几乎全部的 300 万犹太人，以及欧洲其他地区约三分之二的犹太人。

第二次世界大战的影响

如果说第一次世界大战造成的 1000 万人死亡骇人听闻的话，那么第二次世界大战造成的损失则要严重得多：仅在欧洲，就可能有 1500 万军人伤亡，几乎是平民死亡人数的两倍。苏联有 2000 多万人死亡，占总人口的 10% 以上。没有人真正知道确切的数字，但一些人估计，在欧洲和亚洲，战争造成的总伤亡人数为 6000 万，死者覆盖男女老少。伤亡数目之所以如此庞大，一部分原因是在这场战争中，平民被蓄意和系统地作为攻击目标，从德国对伦敦和考文垂的空袭，到盟军对德累斯顿和东京的火力轰炸，再到 1944 年纳粹对华沙的全面"清剿"，以及广岛和长崎的核爆炸，平民都受到了袭击。由此，战争的范围和规模被彻底改写。

附文 11.2
奥斯维辛集中营的生存

奥斯维辛集中营位于波兰南部，是纳粹死亡集中营中最血腥的一个，如今已成为大屠杀的象征。尽管具体死亡数字仍有争议，但大约有 150 万男女和儿童在奥斯维辛集中营和附近的比尔克瑙集中营被杀害，其中包括约 100 万犹太人。那里的博物馆中有一个让人心碎的儿童营房，整个房间里都是鞋子、衣服、眼镜，还有从数十万在这里被毒气和火化的儿童身上取下的头发。

奥斯维辛集中营的大多数幸存者不愿意谈论或书写他们的经历，这完全可以理解，还有许多人听都不想听到这些噩梦般的经历。1947 年，意大利犹太人普里莫·莱维首次出版了名为《如果这是一个人》的奥斯维辛回忆录（后来在英语中译为《活在奥斯维辛》），当时人们几乎没有注意到大屠杀这一现象。后来，这本书再次出版了，几乎与另一本埃利·威塞尔撰写的名为《夜》的大屠杀回忆录同时出版；这是欧洲第一次认识到大屠杀。

《活在奥斯维辛》描绘了难民营的恐怖和残暴，以及在这种情况下人性的脆弱性，令人尤为震惊。囚犯们为了生存而竞争，甚至为了一块面包或一件衣服而杀人。莱维对文明的薄弱面做了如下解释：

"想象一下，现在有一个人失去了他所爱的每一个人，同时又失去了他的房子、他的习惯、他的衣服，一言以蔽之，就是失去了他所拥有的一切：他将是一个空虚的人，陷入痛苦与欲望中，忘记尊严和克制，因为失去一切的人往往很容易失去自己。"

　　最后，一位名叫洛伦佐（Lorenzo）的平民同事，他心地善良，鼓励莱维坚持生存下去，让他相信"我们自己之外仍然存在着一个公正的世界，有些东西和有些人仍然是纯洁而完整的，不是腐败的，不是野蛮的，不属于仇恨和恐怖；一些东西难以界定，光明到来的可能性可能渺茫，但就是为了这些渺茫的东西，也要心存希望，坚强地活下去"。战争结束后，普里莫·莱维回到家乡都灵，成为一家化工厂的经理；1977 年退休后便专心写作。他的生活很困难，患有抑郁症。1987 年，他翻倒在家中楼梯的栏杆上，受伤后不治而死，不过这显然是自杀身亡。

　　随着战争年代的到来，欧洲大部分地区似乎已经中断了从 18 世纪末开始的稳定发展。希特勒和墨索里尼的极权主义政权拒绝由启蒙运动所产生的个人主义、天赋人权和共同人性的观念。事实上，正如埃利·威塞尔（Elie Wiesel）的代表作《夜》和普里莫·莱维的《活在奥斯维辛》所描绘的那样，纳粹死亡集中营对人类本身提出了疑问。但随着 1945 年希特勒和墨索里尼的死亡，极权主义不再是欧洲的一股力量。战后在纽伦堡举行的纳粹领导人大审判中，种族灭绝政策被定义为"危害人类罪"，从而重建了共同价值观和道德观。

战争结束后，随着美国的崛起以及苏联成为欧洲大陆上的主导力量，欧洲和世界地缘政治发生重大转变。由于战争军事行动的结束，苏联最终占领了东德（包括东柏林）和东欧大部分地区。美国军队从南部（北非，然后是意大利）和西部（诺曼底）向德国进发，控制了西德和西欧大部分地区。就好像这两个地理上处于边缘地位的国家被吸入了由德国和意大利崩溃造成的中欧真空。它们相遇的地方位于德国中部，也是冷战开始的地方。

第十二章
欧洲分裂、冷战与非殖民化

第二次世界大战结束时，欧洲一片废墟、疲惫不堪，部分领土被占领，整个欧洲出现分裂。20世纪第二次战争造成的死亡和破坏比第一次战争造成的远为巨大。几个世纪以来统治欧洲大陆的欧洲大国纷纷被占领、轰炸、蹂躏或击垮。美国和苏联的战胜军队，每一支都有数以百万计的军人，士气高昂地横跨整个欧洲大陆。它们在战时结成同盟，击败了纳粹德国，但是，双方在治理德国和其他被占领土及未来规划上出现分歧，从而导致同盟关系破裂。美国和苏联之间的紧张关系被称为冷战：在这场战争中，双方将对方视为死敌，但是因为双方没有发生实际的军事冲突，所以被称为冷战。

随着冷战的爆发，欧洲几乎在各方面都出现了分裂，包括命名法：欧洲被分为了西欧和东欧。美国协助西欧进行经济复苏，促进了西欧国家的发展。苏联在东欧实行社会主义政治制度，并逐渐控制和统治该地区。陷入冷战中的德国本身就被分为东、西两部分，作为德国前首都的柏林也是如此。柏林墙贯穿市中心，象征着欧洲的分裂和冷战本身。接下来的半个世纪里，以欧洲为中心的东西方紧张局势塑造了世界政治的主要部分。直到 1989 年柏林墙倒塌，冷战才最终结束。

第二次世界大战后欧洲的衰弱，加上欧洲海外殖民地民族解放运动的兴起，迫使欧洲帝国国家将独立归还给殖民地。这一"非殖民化"（decolonization）进程与冷战大约同步进行，并持续了 20 年。非殖民化迫使西欧更加依赖美国，以及促使西欧内部各国之间相互依赖，加速了经济一体化，最终成立了欧洲联盟。

欧洲分裂

1945 年 2 月，富兰克林·罗斯福（Franklin Roosevelt）、温斯顿·丘吉尔和约瑟夫·斯大林在苏联度假胜地雅尔塔会面，为"二战"的最后决定性阶段进行规划，并就战后欧洲秩序进行谈判。由于英裔美国人只解放了法国，所以他们并没有讨价还价的充足条件，而苏联军队把德国人赶出了波兰、匈牙利、南斯拉夫、捷克斯洛伐克和罗马尼亚的大部分地区，而且他们离柏林只有大约 100 英里（三个月后便攻占了柏林）。众所周知，雅尔塔协定（Yalta Agreements）的条款包括波兰边界向西移动约 100 英里（波兰东部的部分地区归苏联所有），德国临时划分为多个占领区（苏联占领东部地区），以及东欧国家对苏联"友好"的协议。三位领导人还同意着手建立一个新的国际组织，称为联合国（United Nations）。

随后几年内，许多东欧人民认为雅尔塔协定是背叛的象征，他们认为同盟国在该地区给予了斯大林太多的自由，让其为所欲为。事实上，在雅尔塔会议之后的三年里，苏联在整个地区建立了苏维埃式的共产主义政权。然而，考虑到 1945 年的情况，苏联对东欧的主导，几乎是不可避免的。由于战后的军事行动，到 1945 年 5 月纳粹投降时，该地区几乎完全被苏联军队占领。所以，就在美、英、法三军把德国人赶出西欧，在这些国家建立起西方式的政府时，苏联占领了东欧国家，建立了人民民主政体。

此外，对苏联而言，东欧的土地在战略上比西方重要得多。这些国家大多与苏联接壤，历史上，这一地区曾是众多军队入侵俄国和苏联的主要途径，包括 1812 年的拿破仑、1919—1920 年的波兰人和两次世界大战中的德国人。因此，控制这一地区对苏联和斯大林都至关重要。

战争结束时，苏联军队对波兰、匈牙利、捷克斯洛伐克、保加利亚和罗马尼亚实施军事控制。莫斯科开始逐步扩大对这些国家的掌控，这个过程被匈牙利共产党主席描述为"切香肠战术"，意思是一次切一片。每个国家的第一轮议会选举一般都是包括共产党和非共产主义者在内的联合政府，到了 1947 年，大多数非共产主义者被排挤出联合政府，1948 年 2 月，捷克斯洛伐克共产党取得政权。两年前，英国前首相温斯顿·丘吉尔在密苏里州威斯敏斯特学院（Westminster College）演讲时曾预见到欧洲的这种分裂，当时他吟诵道，"从波罗的海的什切青（Stettin）到亚得里亚海的里雅斯特（Trieste）"，一道"铁幕"已经降临整个欧洲。

冷战开端

美国政府抱怨东欧的民主受到侵蚀，但在美国周边战略关注的领域，美国没有准备或倾向于对此做太多努力。但在另外两个地区——德国和希腊、土耳其的合并地区，美国准备采取行动，在这两个地区，冷战战线开始坚固。1946 年和 1947 年，苏联对土耳其施压，要求归还 1917 年十月革命刚结束时希腊从俄国夺取的部分领土。希腊深陷保皇党政府和共产主义起义军之间的内战，起义军在世界大战期间因抵抗纳粹而赢得了广泛的民众支持。历史上，希腊和土耳其都曾指望英国支持它们对抗强大的北方邻国。但是，由于战争和战后金融危机的影响，英国向美国政府求助，称自己已经无力承担这些责任。美国总统哈里·杜鲁门（Harry Truman）向国会提出了援助两国的资金请求，但他用一套泛泛而谈、老生常谈的措辞表达了这一请求；这笔钱将用于"帮助那些抗击武装少数民族或外部势力企图颠覆政权的自由人民"[1]。遏制共产主义的意识形态和对外政策被称为杜鲁门主义（Truman Doctrine），标志着与传统美国孤立主义的强烈背离。

杜鲁门主义主要是对希腊和土耳其事件的回应，但当时正值美苏两国因巩固东欧共产主义统治和德国政府而关系紧张的时期。战争结束时，德国被分为四个占领区（美国、苏联、英国和法国），由协约国军事管制委员会（Allied Control Commission）共同管理。首都柏林，位于苏区的深处，也被分为四个占领区。从一开始，莫斯科和西方盟国就在如何处理德国问题上存在分歧。从本质上而言，斯大林希望保持德国的软弱，防止德国再次对苏联造成军事威胁。美国杜鲁门政府认识到第一次世界大战后赔偿对德国的影响，更倾向于重建德国并将其融入国际社会。这些分歧使协约国军事管制委员会陷于瘫痪，于是美国、英国和法国坚持己见，把它们管辖的三个占领区合并为一个区域，然后在 1948 年，在没有与苏联协商的情况下，在该合并地区发行了一种新货币。莫斯科为表示抗议，封锁了从德国西区到柏林西区的铁路和公路通道，两区的中间地带长达 100 英里，位于苏联占领区内。杜鲁门总统曾短暂考虑过派遣一支美国装甲部队进入柏林，以打破柏林封锁。几乎可以肯定的是，这将导致与苏联的武装冲突，由此，第二次世界大战结束三年之后又将爆发战争。有鉴于此，杜鲁门向西柏林 300 万居民空投了物资。柏林空投（Berlin airlift）持续了近一年，每一分钟就有一架飞机降落在西柏林，莫斯科最终解除封锁。但是，欧洲在那时已经分裂。1949 年，西德举行选举，成立德意志联邦共和国，几个月后，苏联在东德建立了德意志民主共和国。

杜鲁门总统确信，苏联对土耳其的压力、希腊的内乱、莫斯科在东欧的"切香肠战术"以及柏林危机，都是苏联扩张计划的一部分。美国国务院官员乔治·凯南（George Kennan）曾写过一篇重要文章，倡导美国"遏制俄国扩张倾向"的政策，这种遏制苏联的学说成为美国未来 50 年外交政策的指导原则。由于担心一些欧洲国家岌岌可危的政治和经济状况将为苏联的扩张提供温床，1947 年，美国启动了马歇尔计划（Marshall Plan），在五年内为欧洲重建提供了 170 亿美元。1949 年，美国发起成立北大西洋公约组织（NATO），保证美国对受到攻击的西欧国家予以军事保护。这是美国自独立战争以来第一个和平时期的军事同盟，也是政治、军事和外交权力从欧洲向美国转移的又一迹象。

冷战的另一个层面是核军备竞赛和"核恐怖平衡"。1949年，苏联引爆了一枚原子弹武器，打破了美国对核武器的垄断。自那之后，双方进行了竞争性的军备建设，由此，到20世纪90年代，每个超级大国拥有大约25000枚核武器，其中每一方大约有11000件是"战略武器"（具有洲际射程的武器）。战略武器被放置在苏联或美国领土上或潜艇上，但许多中短程武器被放置在欧洲领土上，即"铁幕"的两边。英国和法国担心在世界政治中被排挤到旁观者的边缘，也开发了自己的独立核武库。如果冷战演变为实质性冲突以及核武器战争，那么欧洲将首当其冲，成为主要遭殃的地区。

联合国也成为冷战的牺牲品。联合国，很大程度上是罗斯福提倡建立的，旨在取代和改善信誉扫地的国际联盟。[2]为了将所有大国纳入其中，这一次，五大胜利盟国——美国、苏联、中国、法国、英国被授予联合国安理会常任理事国席位，并各自拥有否决权。这样，五国中的任何一国都可以投票反对它们不同意的行动。然而，随着冷战的出现，美国和苏联几乎无法就一个国际问题达成一致，因此，美国或苏联的否决令联合国解决国际争端的行动不断受挫。

非殖民化

当欧洲从第二次世界大战中恢复并被冷战一分为二的同时，它也在逐渐失去其在海外的殖民地。正如我们在第八章中所知，大多数欧洲帝国在19世纪建立，并已成为欧洲经济的一个组成部分。德国在第一次世界大战中战败，从而失去了殖民地；意大利（和日本）在第二次世界大战中失败，也失去了其海外殖民地。即便如此，1945年，世界上大部分人口和土地仍在英国、法国、荷兰、比利时和葡萄牙的控制之下。英国辽阔的帝国是英国本土面积的125倍，比利时帝国是比利时本土面积的78倍，荷兰帝国是其本土的55倍，法兰西帝国是法国本土是19倍。然而，30年内，几乎所有这些帝国都消失得无影无踪了。

战后，许多因素阻碍了欧洲帝国主义的延续。美国和新成立的联合国都反对旧式殖民主义。1941年罗斯福总统和丘吉尔首相签署了《大西洋宪章》，阐明了他们的战时目标和战后计划，他们承认"各国人民有权选择他们本国的政府组织形式"，并呼吁"恢复被强行剥夺的人的主权和自治"。也许这主要是针对纳粹德国和日本帝国占领的领土，但它也为英国殖民地和其他盟国的殖民地带来了希望。

即使欧洲人想保留他们的殖民地，他们也只能望洋兴叹。战争过后，这些国家都处于一片废墟之中，对其他事情也疲于应付；许多国家在战争结束几年后仍在向其公民发放配给券。它们在财力或军事资源上，都不足以统治它们遥远的殖民国度。此外，新一代的殖民精英中，许多在欧洲受过教育，已经学会了民族主义和民主的语言，并不断推行独立的主张。欧洲帝国解体后，几十个新的独立国家从废墟中崛起，彻底改变了全球政治，为欧洲的转型奠定了基础。

对于世界历史上最大的帝国——英国而言，这些独立运动中，最重要的一次发生在拥有4亿人口的印度，它是大英帝国的"王冠上的明珠"。贾瓦哈拉尔·尼赫鲁（Jawaharlal Nehru）和莫罕达斯·甘地（Mohandas Gandhi）是非暴力抵抗的先知，在他们的领导下，印度终于在1947年从英国手中独立。与英国的斗争基本上是和平的，但独立带来了可怕的代价：印度教和伊斯兰教之间的暴力狂欢，世界历史上最大的人口流动，以及在英属印度之外建立独立的印度教国家（印度）和伊斯兰国家（先是巴基斯坦，后来是孟加拉国）。甘地在1948年被一名印度教极端分子刺杀，他反对圣雄甘地将印度教徒和穆斯林团结在一个国家的努力。独立后，印度成为世界上最大（也是最贫穷）的民主国家，但自从独立以来，印度次大陆一直受到宗教团体之间以及印度和巴基斯坦之间的紧张局势和暴力的折磨，如今，这两个国家都拥有核武器。

在英国就印度独立问题进行谈判的同时，它正试图摆脱在东地中海的承诺。这些地区中最动荡的是巴勒斯坦，它是此前奥斯曼帝国的一部分，该帝国在第一次世界大战后被国际联盟托付给英国。巴勒斯坦大多数居民是阿拉伯人，尽管在两次世界大战期间，犹太移民源源不断，大多来自欧洲，希望在他们所认为的应许之地建立一个犹太国家。"二战"期间以及"二战"之后，几十万犹太人逃到巴勒斯坦，他们在大屠杀中逃脱或幸存下来。1947年，联合国呼吁将巴勒斯坦分裂为犹太人和阿拉伯国家，但这一计划遭到阿拉伯人的拒绝，1948年英国正式撤出巴勒斯坦领土时，犹太领导人单方面宣布成立以色列。紧接着，邻近的阿拉伯国家向以色列宣战，这是战后30年一系列冲突中的第一次。100多万巴勒斯坦的阿拉伯人逃离或被驱逐出以色列，成为邻国约旦和其他阿拉伯国家的难民。大多数阿拉伯国家仍然没有正式承认以色列国，该地区似乎仍然是紧张、暴力和冲突的根源，非常棘手。

法国的主要殖民地在东南亚和北非。其在东南亚的殖民地位于法属印度支那，"二战"期间在越南爆发了一场民族独立运动，由一个叫胡志明的共产党领袖领导。起初，这场冲突主要是针对法国人的游击战，但随着冷战的发展，局部冲突演变成了国际冲突，双方的常规军队都得到了美国和苏联的支持和供应。尽管有 50 万军队投入战争，但法国还是于 1954 年在奠边府（Dien Bien Phu）惨败。巴黎政府决定减少损失，结束对印度支那的殖民并撤军。随后，《日内瓦协定》规定，越南将临时划分为一个共产主义的北方和一个非共产主义的南方，并在两年内实现越南全境的自由选举。不过，随着冷战的全面展开，越南仍然分裂，美国介入取代法国，越南战争又持续了 20 年，直到 1975 年，共产主义领导的北越取得最后胜利。

就在奠边府惨败几个月后，法国在一个更重要的殖民地阿尔及利亚遭遇了另一场民族主义起义。对法国来说，这是一个完全不同于越南的殖民地。阿尔及利亚毕竟与法国只是隔地中海相望，居住着 100 多万法国公民（另外还有 50 万法国人居住在附近的摩洛哥和突尼斯）。事实上，阿尔及利亚被认为是法国的一部分，当时流行着一句口号 "法国西部的阿尔及利亚"。越南的失守使法国人更加不愿意放弃阿尔及利亚，那里的冲突持续了 10 年，使殖民地和法国陷入一片混乱之中。巴黎政府击退了一场军事政变；使"二战"军事英雄夏尔·戴高乐重返总统一职，以解决危机；并于 1958 年推出了戴高乐起草的新宪法，开创了法兰西第五共和国。阿尔及利亚于 1962 年获得独立。

戴高乐当选是为了防止失去法国最重要的殖民地；英国的温斯顿·丘吉尔抱怨说，他不是为了"负责大英帝国的清算"而当上首相的。但是在他们的领导下，他们的国家失去了其最重要的殖民地——阿尔及利亚和印度，紧接着就失去了几乎所有剩余的殖民地。荷兰于 1949 年将独立归还给印度尼西亚。从 1957 年开始，随着加纳从英国独立出来，欧洲在非洲大陆上的殖民地，一个接一个地获得了自由。19 世纪最后几十年瓜分非洲的浪潮中，帝国主义时代迅速崛起，同样，第二次世界大战后的几十年内，帝国主义时代也迅速崩溃。

欧洲殖民地的独立和自决根源于启蒙运动和法国大革命，是欧洲自由和民主演变的结果和遗留产物。因此，到 20 世纪 80 年代，这些新的独立国家占联合国会员国的一半以上，是塑造现代欧洲的理想产物。然而，由于非殖民化对欧洲以及世界其他地区也有很大的影响，因此这种影响是双向的。

对"二战"后的欧洲人来说，国内经济增长比殖民贸易更为重要。与此同时，殖民地的丧失削弱帝国主义实力，使之与其他欧洲国家平起平坐，从而减少了合作的障碍，促进了它们融入共同市场（并最终融入欧洲联盟）。然而，所有欧洲国家都与前殖民地保持着紧密的联系，使得大量移民拥入欧洲。这两种截然不同的力量一方面是协调和一体化，另一方面是移民和多样化，将构成欧洲在 21 世纪面临的重大挑战。这些问题将在本书的最后几章中讨论。

许多新独立的国家被称为"第三世界"，既不属于两个超级大国的第一世界，也不属于发达国家的第二世界。事实上，第三世界成为美苏冷战竞争的中心舞台，双方都在努力扩大自身的全球影响力，并限制竞争对手的影响力。许多第三世界国家的领导人拒绝卷入这场大国冲突，他们组成了"不结盟运动"组织，该组织的成员国最终在联合国成员国中占了近三分之二的席位。

战后的西欧

到 1949 年，柏林分裂，德国分裂，欧洲分裂成东西方，共产主义和非共产主义。欧洲大陆的两部分都面临着战后复苏的巨大问题。战争期间，欧洲遭遇巨大的人员与财产损失，几乎所有国家都遭受了经济崩溃和政治动荡。由于领土的变化和到那时为止堪称历史上最大的人口流动，经济政治问题变得更加复杂。由于波兰的边界向西移动了大约 100 英里，从而腾出了波兰在第一次世界大战后从苏联手中夺走的东部领土，并将德国的一部分领土用于补偿波兰西部领土。大约 900 万德国人被迫离开波兰的新西部领土，重新回到德国，200 万到 300 万波兰人从东部（现在是乌克兰的一部分）移民到波兰，其中许多人搬进了逃亡的德国人在西部留下的家园和农场。数以百万计的德国人逃离苏台德和捷克斯洛伐克部分地区，进入德国西部或苏维埃地区。新的德国政府必须妥善安置所有这些难民，以及数百万其他流离失所的人，包括纳粹集中营的幸存者。

鉴于战后接踵而至的经济和社会混乱，西欧的复苏速度是惊人的。几乎每一个西方国家都很快恢复了民主政治，唯有西班牙和葡萄牙在20世纪70年代之前一直处于独裁统治之下。1945年英国的议会选举中，温斯顿·丘吉尔和保守党下台，并选举成立了一个致力于打造民主社会主义和现代福利国家的工党政府。法国又起草了一部宪法，建立了法兰西第四共和国，社会主义和共产主义者在第一次选举中赢得了最多席位。意大利人废除了君主制，为议会制共和国起草了新宪法。此外，共产党在法国选举中也表现出色，经常赢得议会第二大席位，但总是被排除在联合政府之外。鉴于东欧的情况，这些国家共产党和社会主义政党的强势表现令一些人担忧，但这些政党仅仅是英国、法国、意大利和其他地方民主政治进程的一部分。

西欧的经济复苏迅速而持续。到1947年，大多数国家都达到了战前的工业生产水平，美国的马歇尔计划基金刺激了经济复苏。接下来的25年里，该地区经历了前所未有、持续不断的经济增长，堪称"经济奇迹"，促进了生活水平的提高和全西欧的繁荣。德国在这一增长中发挥了关键作用，于1958年成为西欧领先的工业强国。西欧各国的经济政策均参照英国经济学家约翰·梅纳德·凯恩斯（1883—1946）的理论，他在1936年出版了一本颇具影响力的书，名为《就业、利息和货币通论》。凯恩斯认为，政府的计划和支出往往是资本主义经济"启动"的必要条件，在经济困难时期尤为如此。20世纪50年代和60年代，欧洲各国政府利用其财政和货币权力促进投资、生产和就业，并控制通货膨胀。这些政策，加上欧洲大陆民主社会主义政党的强大作用，推动强大福利国家的发展，实现充分的就业、社会保障、有补贴或免费的医疗和教育，并通过累进税制对财富进行再分配。到了 20 世纪 70 年代，欧洲大多数国家都基本实现了福利社会的目标。在新一轮女权主义浪潮的推动下，欧洲联盟日益加强，男女平等权在整个地区稳步普及。

非殖民化和冷战紧张局势的结合使欧洲国家在国家安全和贸易方面更加相互依赖，更加依赖美国。如上所述，由美国、加拿大、英国和大多数西欧国家于 1949 年签署的北约联盟规定，美国有义务保卫欧洲成员国，并在欧洲上空提供美国的"核保护伞"。美国军队在几个欧洲国家的长期驻扎（包括最终在德国的 30 万人），使华盛顿的承诺在欧洲和莫斯科都得到了实实在在的体现。这些被视为"绊线防御"，如果苏联袭击西欧，将引发美国更大（或许还有核）的反应。

战后，欧洲也开始了一项经济一体化和社区建设的重大项目。法国外交部长罗伯特·舒曼（Robert Schuman，1886—1963）朝着这个方向迈出了第一步，他在 1950 年提议成立一个国际组织来协调钢铁工业，特别是法国和德国之间的钢铁工业。舒曼的主要意图是在这两个国家在过去的 75 年里进行了三次战争之后实现和解的磋商。他还认为这是"欧洲联盟的第一步"。1951 年，欧洲煤钢共同体（ECSC）由此诞生，它在促进贸易和合作方面非常成功。1957 年，随着欧洲经济共同体（EEC）的成立，其原则扩展到了整个经济体，欧洲经济共同体随后也演变成欧洲联盟（European Union）。多年来，这些组织的成员从最初的 6 个增加到 28 个[①]。

---

① 2020 年 1 月 30 日英国脱欧后，成员国为 27 个。

战后的东欧

在第二次世界大战期间和之后，有 11 个拥有 1 亿人口的欧洲国家是社会主义国家。"二战"后，拉脱维亚、立陶宛和爱沙尼亚并入苏联。南斯拉夫和阿尔巴尼亚（两者都不毗邻苏联领土）实行社会主义制度，但或多或少地独立于苏联，走自己的发展之路。波兰、东德、捷克斯洛伐克、匈牙利、保加利亚和罗马尼亚逐渐转变为"人民民主国家"。

在这些国家中，一开始新政府没收了大部分的土地，并将财产重新分配给普通农民，这一政策使群众对政权产生了相当大的善意。他们还提出了保障性住房、医疗卫生、教育、就业保障等社会主义社会政策，也很受欢迎。另一方面，政府采用了苏联国家的限制性机构，实行对独立组织、媒体和出国旅行的限制，以及审查制度。除了波兰，大多数教堂都被摧毁或关闭。

在经济上，每一个东欧国家都奉行迅速工业化和农业集体化（collectivization of agriculture）的双重政策（斯大林 1928 年在苏联开始的第一个五年计划的关键）。许多农民最近才得到政府的土地，他们反对集体化，但其后果并不像 20 年前苏联那样可怕。在经济政策方面，东欧国家效仿苏联，将政策重点放在重工业（如冶金和机床）上，而不是轻工业和消费品。政府机构计划投资、产出、分配以及固定价格和工资。事实上，所有从事农业、工业或服务业的工人都成为国家雇员。

由于社会主义国际主义（socialism internationalism）的共同外交政策和一些将该地区联系在一起并确保一致的国际组织，苏维埃对该地区的影响得到加强。为了回应美国的马歇尔计划，莫斯科赞助了经济互助委员会（CMEA，或 Comecon），以协调欧洲社会主义国家之间的贸易，并使它们在经济上更加紧密地联系在一起。1955 年西德加入北约后，苏联建立了一个东欧军事联盟，即华沙条约组织（简称"华约"，Warsaw Pact）。苏联在华沙条约国家（特别是东德）部署了军队和核武器，就像美国将其军事力量部署在北约国家一样。随着这些组织的建立，东欧国家与欧洲其他国家的联系日益中断。丘吉尔在 1955 年对分裂欧洲的"铁幕"的描述比 1946 年的描述更加真实。

从战争结束到 20 世纪 60 年代，所有东欧国家都经历了高度的经济增长和迅速的社会变革。除阿尔巴尼亚外，所有国家都从主要的农村、农业社会转变为工业、城市社会。该地区国民生产总值的年平均增长率在 50 年代超过 7%，在 60 年代超过 5%，甚至比欧洲西部的增长率还要快。该地区大多数人的识字率、健康和生活水平显著提高。

小结：从"二战"到苏联重建

第二次世界大战的结束导致了欧洲的分裂、美国和苏联对欧洲的控制，以及这两个超级大国在意识形态领域的敌视状态对世界政治的日益统治。从某种意义上说，这是一个奇怪的转折点，当时这两个国家结成紧密的战时同盟，并使纳粹德国屈服。但是，从社会主义国家建立开始，美国和苏联之间就长期存在着一种不信任和怀疑，像温斯顿·丘吉尔这样顽固的现实主义者完全预料到战争后会重新出现紧张局势。美国一直怀疑列宁和斯大林的意图。俄国革命后的 16 年里，美国一直拒绝承认这个新兴社会主义国家，"二战"期间，美国领导人如之后的总统哈里·杜鲁门参议员表示，希望纳粹和苏联在史诗般的对抗中互相残杀。斯大林和苏联领导层注意到了这种情绪，发现美国长期拖延在欧洲开辟第二条战线抗击德国人，直到 1942 年和 1943 年 6 月，苏联才完全证实了美国的敌意。

欧洲和德国的分裂是战后紧张局势的结果，而这种分裂的象征——正如丘吉尔所描述的"铁幕"，随着 1961 年柏林墙的建立而变得更加形象和具体。整个欧洲，由带刺铁丝网、岗哨和雷场将东欧和西欧分隔开来。东欧公民到西方旅行需要国家的特别许可，西方人到这些国家旅行或学习需要东欧政府签发的签证。

在"铁幕"的两边，各国从"二战"的蹂躏中恢复过来，重建经济，实现现代化和经济繁荣。东欧一些较富裕的国家，如东德和捷克斯洛伐克，其生活水平超过了希腊和葡萄牙等一些较贫穷的西方国家。但到了 20 世纪 70 年代，东欧经济开始停滞不前，中央计划的负担令经济不堪重负，与西方的大量贸易断绝了联系。越来越多的东欧人开始对他们物质匮乏以及他们对苏联的从属地位感到恼火。

20 世纪 90 年代，冷战结束。随着苏联的解体，15 个新兴独立国家出现，正如拿破仑战争和两次世界大战之后，欧洲地图再次变更。东欧和苏联的大多数国家纷纷建立民主政府以及资本主义的经济体系。许多国家试图重新调整自己的方向，从俄罗斯转投西欧，加入北约或欧盟。至此，欧洲的分裂局面基本结束。

南斯拉夫解体

与苏联一样，南斯拉夫是一个由单一政党——南斯拉夫共产党联盟组成的多民族联邦制国家。它的总人口只有 2400 万，是一个非常异质的国家，并没有哪个民族占据人口的绝大多数。塞尔维亚人是最大的群体，但他们只占总人口的三分之一左右。1990 年，南斯拉夫各共和国举行选举，斯洛文尼亚、克罗地亚、波斯尼亚和黑塞哥维那、马其顿的独立政党纷纷赢得选举，并上台执政。

随着这些变化，东欧边界重新划定的方式甚至比第一次世界大战后更加彻底，出现了一系列新的国家。从苏联开始，所有 15 个成员共和国都成为主权和独立国家。南斯拉夫的土地上诞生了六个新的国家，分别是克罗地亚、斯洛文尼亚、北马其顿、黑山、波黑和塞尔维亚。德国的统一使它成为欧洲人口最多、经济最强大的国家。所有这些新兴国家，以及东欧新兴的独立国家，都在身份认同问题以及它们与欧洲其他国家的关系方面角力。

第十三章
欧洲联盟——欧洲的统一市场与自由

欧盟是共同市场（Common Market）的最新体现，20世纪50年代，共同市场最初是由6个国家组成的关税同盟。[1]几十年来，该组织的成员和范围不断扩大，创造了一个几乎"无国界的欧洲"，拥有共同货币——欧元（euro），并共同致力于民主政治、人权与市场经济。自2004年以来，共有13个新成员国加入欧盟，欧盟现有28个成员国，是世界经济和国际政治中的一股重要力量。

共同市场的起源

欧洲共同市场的最初构想和计划是在第二次世界大战之后提出的，但是这种有关打造统一欧洲的提议可以追溯到18世纪。甚至在法国大革命之前，让－雅克·卢梭就宣称"不再有法国人、德国人、西班牙人，甚至英国人，而只有欧洲人"[2]。因此，欧洲统一至少称得上一个历史久远的想法。

不过，欧洲统一的第一股真正动力来自"二战"的废墟。1946年，在其发表"铁幕"演讲的同一年，温斯顿·丘吉尔呼吁建立"一个欧洲合众国"，该合众国首先是建立在法国和德国之间的伙伴关系，因为这两个国家在 75 年的时间里曾打过三次战争。（然而，丘吉尔认为自己的国家在这样一个联盟中没有立足之地。）来自 10 个欧洲国家的代表在法国斯特拉斯堡（就在与德国接壤的地方）召开会议，讨论这些问题。欧盟委员会（Council of Europe）由此诞生，旨在最终成为一个联邦制欧洲的立法机构。欧委会主要依靠辩论和外交，并没有实权，也从来没有成为一股重要的政治力量。

两位具有全球视野的法国人提出了一个更加雄心勃勃的提议，他们分别是让·莫内（Jean Monnet，1888—1979）和罗伯特·舒曼。莫内是一位具有远见的经济学家和管理者（如果这样描述不构成矛盾的话！），他在 20 世纪 20 年代担任国际联盟副秘书长。舒曼是莫内的弟子，出生在德法争夺的阿尔萨斯－洛林地区，1948 年至 1950 年任外交官和法国外交部长。他们都在寻找改变法德关系命运的方法，并使德国与欧洲其他国家更紧密地融合在一起。

莫内设想了两国经济一体化。通过让法国和德国在经济领域进行合作，它们将建立一个相互依存的网络，并拓展到政治领域。最终，这种合作和相互依赖将使它们之间在政治与经济上，都没有爆发战争的可能。在他称为功能主义（functionalism）的进程中，他设想将某些经济或政治职能或"活动领域"从国家控制逐步向超国界型（supernational）控制转移过渡，该类控制高于民族国家的层面。他认为，首先专注于非政治领域的合作，要比直接尝试政治和解更为容易。

法国外交部长罗伯特·舒曼采纳了这些想法，并获得了德国、意大利和其他国家富有怜悯心的政治领导人的支持，在他们的支持下，舒曼将其具体化，并推出"1950 年舒曼计划"。其主要目标是协调煤炭和钢铁生产，其中大部分生产活动位于鲁尔河谷、萨尔州和阿尔萨斯－洛林，这些地区在 19 世纪的战争中是各国争夺的焦点。最初对煤炭和钢铁的关注是有限的，舒曼认为这是"欧洲联邦迈出的第一步"[3]。欧洲煤钢共同体由此成立，该组织于 1952 年开始运作，让·莫内被任命为第一任主席。

欧洲煤钢共同体由六个国家组成，分别是法国、德国、意大利，以及比利时、荷兰和卢森堡这三个小一些的国家，这些国家几年前就已经成立了自己的关税同盟。当然，到欧洲煤钢共同体成立时，欧洲已经被"铁幕"和北大西洋公约组织牢牢地分割开来，所以当时无法将该计划扩展到东欧。无论如何，对当时的法国来说，最大的威胁便是德国，而非共产主义。欧洲大部分的煤炭和钢铁资源都位于这六个成员国中。

尽管成立欧洲煤钢共同体的初衷非常崇高且理想化，该组织本身的目标和运作却乏善可陈。该共同体主要通过消除贸易壁垒，刺激煤炭和钢铁的生产和贸易。对于那些不是经济学专业的学生，这里可能需要做一个简短的解释。政府经常通过限制从国外进口较便宜的产品来保护本国的工业。他们主要通过关税，即进口税，以及配额，即限制从特定国家进口的货物数量，从而达到限制的目的。例如，如果美国汽车制造商（如福特或通用汽车）正逐渐失去对日本更为便宜以及／或质量更好的进口汽车（如本田和丰田）的竞争优势，美国政府可以通过对进入美国的日本汽车征收关税并设定配额，以保护美国工业。这些关税将使日本汽车在美国的零售成本更高，从而降低它们的竞争优势。配额将限制允许进口到美国的丰田和本田汽车的数量，从而防止它们大量涌入美国市场。对美国而言，此类限制的好处主要是有助于美国制造商避免销量下降，避免无奈裁员或宣布破产的可能性。而主要的缺点是，对美国消费者来说，汽车将更加昂贵。关税同盟或自由贸易区的初衷都是消除影响参与国之间货物贸易的关税和配额，以便降低产品价格。通常，生产效率较低的生产商会遭受破产，因为他们失去了政府的保护。但至少在理论上，这些国家之间的自由贸易能够刺激整体销售、生产和增长。

欧洲煤钢共同体的目的便是消除此类贸易壁垒，从而促进煤炭和钢铁的高效生产，而煤炭和钢铁正是欧洲工业经济的支柱。人们认为，提高这些领域的效率可以推动经济的全面复苏和发展。为了推动该进程，六个成员国的煤炭和钢铁工业被置于一个名为"高级公署"的超国界型的机构控制之下，其总部设在卢森堡。高级公署包括来自六个国家的代表，尽管决策部分是以多数票做出的，这意味着有些决定可能会对一个或多个国家的利益造成损害；这是欧洲煤钢共同体的超国界型因素。除了监督生产、销售和价格，高级公署还协助实力较弱的制造商实现现代化、重新适应市场或进行产业转型。

从共同市场到欧洲联盟

欧洲煤钢共同体在经济和政治方面都非常成功，正如让·莫内所预测的那样，它的成果开始拓展到更广泛的领域和更多的国家。几年内，"六国"（欧洲煤钢共同体的六个成员国）开始讨论将欧洲煤钢共同体的原则扩大到整个经济领域。1957年，他们签署了《罗马条约》，成立了欧洲经济共同体（EEC），后来被称为共同市场。欧洲经济共同体旨在消除六个国家对所有产品的关税，不仅仅是消除对煤炭和钢铁的关税，而是为从其他国家进入欧洲经济共同体的所有产品制定共同的外部关税。它还旨在促进资本和劳动力在该区域内自由流动，并协调六个国家的社会和经济政策。其长期目标是实现全面的经济和政治一体化。为促进不断拓展的活动和使命，欧洲煤钢共同体设立了四个新机构，分别是设在布鲁塞尔的部长理事会和欧盟委员会（设有常设秘书处），设在卢森堡的欧洲法院，以及设在斯特拉斯堡的欧洲议会。[4] 一个欧洲官僚体系由此诞生，"欧洲官僚"和"布鲁塞尔"成为这一新欧洲机构的简称。

欧洲经济共同体也取得了巨大的成功，拉近了六个成员国，尤其是西德与法国之间的距离，刺激了经济增长。西德、法国和意大利都在20世纪50年代和60年代初经历了"经济奇迹"，发展为稳固的中产阶级福利国家。它们的经济增长推动了该组织其他成员的发展。这六个成员国之间的贸易增长速度是区外国家贸易增速的两倍。到1968年，最后一道内部关税提前数年取消。1967年，欧洲煤钢共同体、欧洲经济共同体和欧洲原子能共同体（Euratom）合并，并更名为欧洲共同体（欧共体）。

这时，除了最初的六个成员国外，该组织的成功也吸引着其他国家的加入。一开始，英国之所以不加入欧共体，有很多原因：英国与英联邦殖民地和前殖民地的关系，英国与美国的特殊关系，英国对美国主导的北约的承诺，以及英国不愿意接受欧洲机构的超国界型控制。不过，到了20世纪60年代，欧洲经济共同体的经济增长远远超过英国，于是，英国政府重新考虑加入欧共体。20世纪60年代，伦敦曾两次尝试加入欧共体，但两次申请都遭到法国总统戴高乐的否决，戴高乐对英国与美国的密切关系持谨慎态度，担心英国会试图主导欧洲。直到戴高乐卸任后，英国第三次申请加入欧共体，并终于在1973年与丹麦和爱尔兰一起加入欧共体。

20世纪80年代，随着希腊、西班牙和葡萄牙申请加入欧共体，欧共体面临更为严峻的挑战，上述三国比现有成员国都要穷，且都有独裁统治的历史。随着成员国从核心国家向外扩大，欧共体既制定了自由市场经济方面的经济标准，也制定了包括民主和人权在内的政治标准。不过，经过长时间的谈判和准备，这三个国家也最终加入欧共体。1995年，又有三个国家加入，分别是芬兰、瑞典和奥地利。这些国家在冷战期间至少保持了一定程度的中立，而且都不是北约成员国。但它们也希望赶上欧洲共同体扩张的浪潮。随后，欧共体成员国由最初的6个国家扩展到后来的15个国家，并覆盖3.75亿人口。

随着欧共体成员国数目不断增加，成员国之间更深层次的融合也在加速。作为一个重要的象征性步骤，欧共体采用了一面旗帜，在深蓝色的田野上有12颗金星。1986年，随着《单一欧洲法案》的签订，成员国同意到1992年建立一个无国界的欧洲。1991年在荷兰马斯特里赫特市举行的一次关键会议上，12 个欧共体成员国的领导人确认了这一方向，将欧共体的名称正式改为欧洲联盟，通过了新的欧盟条约（也称为"马斯特里赫特条约"），并承诺遵守共同的生产标准、统一的税率，共同的欧盟公民身份，共同的外交和安全政策，以及统一的欧洲货币。

随着 1993 年欧盟正式诞生，欧洲各国之间的联系日趋紧密。随着各个国家采取行动，使相互间的经济和社会政策同步，欧盟条例开始补充、取代并"协调"欧盟各国的立法。例如，在 20 世纪 90 年代初，欧盟通过对法国具有影响力的法律比法国政府本身通过的法律还要多。英国没有正式成文的宪法或人权法案，只是将《欧洲人权公约》纳入英国法律。同样，从里斯本到赫尔辛基的政策制定者和官僚们不得不在诸如农产品价格支持等重大问题，以及诸如欧洲安全套的强制性尺寸（意大利人显然是为更小的安全套而游说）[5]，甚至英国啤酒是否可以用传统的"品脱"而不是欧洲通用的"升"为单位进行供应等琐碎问题上争辩。不知何故，这似乎证明了让·莫内的观点，即那些为啤酒和避孕套争吵不休的国家不太可能很快卷入武装军事冲突。

附文 13.1
贝多芬的《欢乐颂》与欧盟

1985 年，欧洲理事会采用贝多芬的激昂旋律《欢乐颂》作为欧盟（EU）会歌。这段旋律来自贝多芬第九交响曲（1823

年创作）的最后一个乐章，该乐章有四个独唱和一个与管弦乐队的大合唱。贝多芬为 1785 年的一首名为《欢乐颂》的诗谱下此曲，这首诗由德国人弗里德里希·席勒所创作。这首诗表达了一种对和平、和谐和普遍兄弟情谊的理想主义愿景，贝多芬在诗中加入了"所有人都将成为兄弟"一词，强调了这一点。由于欧盟内部有许多不同的语言，所以欧盟只采用了这首曲子的旋律作为盟歌，而非歌词，不过共同的人性理念是大家都能明白的。正如欧盟官方网站所说："这首歌用音乐作为通用语言，无言地表达了欧洲支持自由、和平与团结的理想。"[6]

这些发展显然也涉及一些民族自治权的让渡。目前为止，欧盟面临的最大也最具象征意义的挑战，是在 2002 年引入欧洲统一货币——欧元。这从一开始就是一个有争议的问题。许多国家不愿意放弃自己国家的货币，因为货币是国家身份的组成部分（如法国法郎和英镑），许多政府担心一旦失去对货币价值、数量和流动的控制，就会失去对经济的控制。最后，英国、瑞典和丹麦决定不采用欧元，但在 2002 年 1 月 1 日，其他 12 个成员国开始采用欧元。在大规模的物流运输中，145 亿张钞票和 500 亿枚硬币分发给欧洲大陆上约 3 亿人。尽管预言会出现大麻烦（例如，自动售货机能识别新硬币吗？）以及经济混乱，这一过渡却非常顺利，一年之内，欧元已经完全取代了里拉、法郎、马克和比塞塔。从一个欧盟国家到另一个欧盟国家旅游时，游客不再需要兑换货币，银行和企业也不必担心货币汇率变动。到 2014 年，有 18 个欧盟国家加入"欧元区"（eurozone），欧元甚至在英国等非欧元国家也普遍存在，造成了另一种溢出效应。

向东欧的扩张

随着东欧十几个新兴民主、市场化国家的不断发展壮大，欧盟在不断 "深度融合" 的同时，也伴随着内部有关"向外拓展"的新一轮辩论。事实上，东欧国家都申请加入北约和欧盟，认为加入这些西方组织可以为其提供安全和经济援助，也是它们重返欧洲的象征。

对于现有的欧盟成员国来说，这种扩张令它们陷入一种进退两难的境地。依据"马斯特里赫特条约"的要求，建立一个没有国界的欧洲对 15 个成员国而言已是非常困难了，这 15 个成员国既包括葡萄牙、希腊等相对贫穷的国家，也包括德国、瑞典等繁荣的国家。东欧候选国的生活水平[7]不到欧盟平均水平的一半，其中许多国家仍在努力建立民主传统和制度。向东扩张对欧盟来说代价高昂，因为它为较贫穷的国家和地区提供"结构调整"资金，使它们更接近欧盟的平均水平，这些东欧国家都有资格获得这种支持。此外，随着许多新成员国的加入，欧盟委员会和其他欧盟机构在决策和投票的整个过程中都必须做出相应的改变。

2004 年，尽管存在这些潜在的问题，现有 15 个欧盟成员国同意允许 10 个新兴国家加入该组织；2007 年，该组织又新增 2 个成员国；2013 年，该组织又添一个成员国，上述 13 个新成员国分别是苏联的三个前波罗的海共和国（爱沙尼亚、拉脱维亚和立陶宛），8 个东欧国家（捷克共和国、斯洛伐克、匈牙利、波兰、斯洛文尼亚、罗马尼亚、保加利亚和克罗地亚），以及塞浦路斯和马耳他这两个岛国。

欧洲超级大国

欧盟现有 28 个成员国，总人口超过 5 亿（仅次于中国和印度），经济规模超过美国。这个新兴的"欧洲超级大国"已成为"世界上最大以及最富有的资本主义市场"[8]。欧盟约占世界国内生产总值（GDP）的五分之一，以及工业世界消费人口的一半。它也是迄今为止世界上最大的贸易国，也已成为世界上最大的投资吸盘和投资来源地。

由于欧洲拥有世界上最好的生活水平和最发达的社会福利体系，欧洲的经济实力得到进一步巩固。与美国相比，许多欧盟国家的贫困程度较低，平等程度较高，医疗保健费用较低，教育水平较高。与美国相比，大多数国家有更慷慨的失业援助、亲子假计划和儿童津贴福利。欧盟的各项条约为两性平等提供了世界上最强有力的保障。欧洲的社会福利制度被称为"欧洲社会模式"，为全世界瞻仰与效仿。

事实上，欧洲的规模、经济实力和社会福利促使欧洲重新成为世界经济和国际政治中的一股强大力量。最近几本书的书名显示了这一风向，包括记者 T. R. 里德（T. R. Reid）撰写的《欧洲合众国：新的超级大国和美国霸权的终结》，政治科学家约翰·麦考密克（John McCormick）所著的《欧洲超级大国》，以及前美国驻欧盟大使罗克韦尔·施纳贝尔出版的《下一个超级大国？》。我自己编写的名为《美国世纪的终结》的书认为，在美国衰落之后，欧洲和中国是全球主导地位的两大竞争者。2012 年，由于"过去60 年间推动了欧洲的和平与和解、民主与人权"，欧盟被授予诺贝尔和平奖。

日渐加剧的痛苦

诚然，欧盟的扩张和发展所带来的痛苦日益加剧。扩大的同时，欧盟正努力敲定一部新的宪法，以使新成员融入其中，并加强该组织的超国界政治体制。但是，在最后一刻，法国和荷兰的选民否决了宪法，暂时停止了融合主义的趋势。一些法国和荷兰选民担心将国家主权拱手让给欧盟，另一些则担心扩张和全球化可能带来负面影响。

然而，在一份更加务实的文件——《里斯本条约》（*Lisbon Treaty*）中，宪法的大部分原则得以恢复，该条约最终于 2009 年获得所有成员国的批准。该条约旨在赋予欧盟更强大的国际影响力，并为更多成员国更新投票和决策程序。它创建了一个全职总统和外交部长，并得到了欧盟外交官全球网络的支持。新的投票制度反映了一个国家的人口规模，直接选举产生的欧洲议会获得了更多的权力。随着成员国的扩大并覆盖欧洲大部分地区，《里斯本条约》是迈向单一、统一欧洲的又一步。

欧盟宪法最初的失败凸显了困扰该组织的烦恼，即"向外拓展"和"深度融合"进程之间的紧张关系。成员国扩大到普遍贫穷、民主和资本主义经验不足的国家，这使得在所有 28 个成员国之间协调政策更加困难。大多数新成员国在经济上还不足以采用欧元。

当数十万东欧人拥入富裕的欧盟国家寻求就业机会时，欧盟的劳动力跨境自由流动政策就紧张到了崩溃的地步。从 2002 年到 2006 年，从一个欧盟国家到另一个欧盟国家的移民每年增长10%。例如，当我于 2005 年访问爱尔兰时，我们在餐馆遇到的服务员、商店的店员、渡轮上的码头工人几乎都是波兰人、捷克人或罗马尼亚人，而并不是爱尔兰人。仅在 2006 年，就有近 30 万波兰移民拥入其他欧盟国家。这股移民潮有助于推动接收国的经济增长，但也造成了一些国家内部的民族紧张，并煽动了反移民情绪。

从新欧盟国家向"旧"欧盟国家的移民，建立在前欧洲殖民地向"老牌"殖民国家移民的长期趋势之上。欧洲几乎每个国家的种族差异都越来越大，因此移民、融合和种族问题越来越多地渗透进政治领域。其中最具争议的是居住在欧洲国家的穆斯林的地位。其人数在整个欧洲迅速增长，在法国尤为如此（法国以前在非洲的殖民地大多以穆斯林为主），如今，那里的穆斯林占总人口的 10% 左右。

法国严格的世俗文化，可以追溯到法国大革命时期，经常与宗教的公开表现相抵触。2004 年，政府禁止在公立学校穿着带有明显宗教元素的服装或标志，包括许多穆斯林妇女所戴的头巾

（hijab）。这在法国和世界范围内都引起了骚动，即便如此，政策依旧未变。事实上，六年后，法国内阁投票通过了一项在公共场所全面禁止穆斯林面纱（niqab）的法案。

随着欧盟内部合法移民进程的加速，非法移民的数量也迅速增长，特别是来自阿拉伯和非洲国家的非法移民，增长尤为迅猛。其中许多是越过地中海进入意大利和法国的难民，但在欧盟成员国匈牙利和非欧盟成员国塞尔维亚之间的边境非法移民也急剧增加。保卫欧洲广阔的陆地和海洋边界比美国在墨西哥边界上面临的任务要艰巨得多。此外，和美国一样，2008年后欧洲的经济衰退引发了整个欧洲大陆的反移民情绪，这往往伴随着民族主义反欧盟（"欧洲怀疑论者"）情绪。在2014年5月举行的欧洲议会选举中，一度处于边缘地位的右翼政党在法国、英国和丹麦拔得头筹，这主要是因为他们呼吁遏制移民，抵制进一步的欧洲一体化。对于选举结果而言，至少部分投票只是纯粹为了表达抗议，但它们仍令法国、英国和其他地方的政治精英惴惴不安。"身份政治"正在与欧洲和世界其他地方的全球化和一体化的大趋势背道而驰。

全球经济和金融危机给欧盟带来了其他压力，对于西班牙、葡萄牙、意大利等南方较贫穷国家，以及最关键的希腊尤为如此。到2010年，希腊的国家债务是欧盟规定允许的四倍之多，其预算和金融危机威胁着希腊的稳定，扰乱欧洲经济，以及破坏欧元体系。希腊政府在应对债务危机之际，宣布削减社会服务和政府项目支出，在全国范围内引发广泛的、有时甚至是暴力的抗议活动。

希腊内部曾就退出欧元区展开严肃讨论，人们不免心生疑问，即一个国家采纳欧元，又如何能够放弃欧元呢。同时，人们纷纷猜测退欧可能对欧洲其他国家产生的影响。英国外交大臣威廉·黑格（William Hague，一位欧洲怀疑论者）把欧元称为"一座深陷火海，又没有逃生出口的建筑"，欧元区所带来的益处，也可能引发衰退蔓延或更糟糕的情况。

事实上，爱尔兰、葡萄牙、西班牙和意大利也正经历着严重的预算和债务危机。欧盟的反应是果断和有力的，2010 年至 2011 年，欧盟对上述所有四个国家的救助计划和对希腊的多次救助总额超过 2400 亿欧元。2012 年，欧盟成立了一个名为欧洲稳定机制（European Stability Mechanism）的新机制，作为对深陷困境的欧盟经济体的永久性救助基金。作为欧盟援助的条件，所有接受援助的国家都采取了预算削减以及其他紧缩措施，但对大多数国家而言，这些措施对缓解巨大失业率收效甚微。在希腊，失业率从 2010 年的 12% 增长到 2013 年的 27%，其中，年轻人的失业率为 53%。西班牙也是同样遭遇。希腊经济（以国内生产总值衡量）在四年内缩水 25%。

尽管经济衰退和紧缩政策带来的痛苦持续不断，但到 2014 年，希腊和其他国家的危机似乎已经过去。债务水平有所下降，包括希腊在内的大多数经济体预计在该年将出现正增长，尽管增长幅度很小。欧元不再位于崩溃边缘。欧盟实施的救助与美国政府在 2008 年至 2009 年对自己崩溃的金融业的救助惊人地相似。欧洲的金融危机再次引发了人们对欧盟和共同货币扩大及加强的可行性的质疑。但欧洲央行（ECB）的有力回应也暗示了进一步巩固欧盟的可能性。事实上，立陶宛在 2014 年开始采用欧元，这将使欧元区扩大到 19 个国家。

何为欧洲

柏林墙的倒塌，欧洲的统一，以及欧盟的扩张，都对欧洲的构成提出了新的问题。它是否仅由地理（如果是，欧洲的地理位置在哪里呢？），还是历史、传统、文化或宗教定义呢？这些问题在关于扩张的辩论中变得具体和高度政治化。例如，土耳其作为一个伊斯兰（尽管是世俗的）国家，只有一部分在欧洲，而且主要国土还是位于小亚细亚，所以土耳其真的能被认为是欧洲的一部分吗？俄罗斯呢？如果波兰、保加利亚和波罗的海共和国可以加入欧盟，俄罗斯也可以吗？事实上，在欧盟 28 个成员国中，没有一个是伊斯兰国家，只有塞浦路斯和希腊两个是东正教基督徒国家。其余的都是西方基督徒，因此这是新欧洲的统一元素吗？2014 年乌克兰危机的部分原因是乌克兰与俄罗斯在欧洲定位问题上的分歧，这使得这个理论问题变得非常现实、政治和暴力。（该问题将在结语中讨论。）

欧洲身份认同问题成为 2003 年至 2004 年欧盟新宪法辩论的一部分。最大的争议是关于宗教的提法，折射出一种可以追溯到启蒙运动时期的紧张关系。序言提到了欧洲社会的基督教和犹太传统，但法国和比利时等政教明确分离的国家反对这种提法，后来该提法也被排除在外。宪法的起草者还建议提及希腊罗马文明的遗产和启蒙运动。但一些宗教性更强的国家，如爱尔兰、西班牙和波兰，反对这种做法的世俗影响。正如梵蒂冈官方报纸《罗马观察报》在一篇标题文章中宣称的那样："欧洲要么是基督教，要么不是欧洲。"[9]

最后，宪法草案和取代它的《里斯本条约》都没有提及基督教和启蒙运动。2009 年实施的《里斯本条约》提到"欧洲的文化、宗教和人道主义遗产"，从中衍生出"人的不可侵犯和不可剥夺的权利、自由、民主、平等和法治的普遍价值观"，尽管并未直接提及启蒙运动，但这种提法和这些原则可以追溯到那个时代，反映了启蒙运动留给欧洲社会的持久遗产。至少在这些原则上，大多数欧洲人都予以赞同。

尽管宗教身份问题最终在条约中被回避，但对于统一的欧洲而言，它可能成为更具分裂性的因素之一，因为它在 18 世纪曾是冲突和分裂的根源。启蒙运动中的理性主义、世俗主义和人权思想对欧洲的主导作用比地球上任何其他地方都要强。尽管大多数欧洲国家中的大多数人信仰上帝，但只有五分之一的人说宗教对他或她"非常重要"，只有少数欧洲人口经常参加宗教仪式。法国作为一个以天主教为主但非常世俗的国家，每周只有二十分之一的人参加宗教仪式，而在美国，大约三分之一的人参加宗教仪式。[10]这在欧盟成员国之间以及欧洲和美国之间造成了一些紧张关系。一些新加入欧盟的东欧成员国，特别是波兰和立陶宛等以天主教为主的成员国，对西欧狂热的世俗主义感到不安，这在有关欧盟宪法的辩论中得到了证明。这也阻碍了欧盟 28 个成员国之间的社会政策协调，在诸如离婚、安乐死和堕胎等宗教敏感问题上尤为如此。欧洲的扩张重新开启了有关这些问题的讨论，这些问题大多在欧洲大陆西部得到解决。

宗教也加剧了欧洲和美国之间的分歧。如上所述，东西方的欧洲人比美国人世俗化程度高，宗教在美国政治生活中的作用也比欧洲强得多。从欧洲人的角度来看，美国人更倾向于从善恶或是非的角度来思考问题，欧洲人认为这是鲁莽和危险的。2001 年9 月 11 日恐怖袭击后，当美国总统乔治·沃克·布什（George W. Bush）如此频繁地援引道德和宗教来谈论反恐战争时，大多数欧洲公民和领导人都感到不安。2003 年，他决定袭击伊拉克，该决定与其说是大规模杀伤性武器或伊拉克与恐怖主义有联系的确凿证据，不如说是出于传教士的热情。因此，联合国安理会中的欧洲成员国，尤其是德国和法国，不愿支持这场战争，由此，美国和欧洲之间的关系跌入冰窖，达到一个世纪以来的最低点。布什的国防部长唐纳德·拉姆斯菲尔德（Donald Rumsfeld）对这些反对意见置之不理，他称为"旧欧洲"，并暗示未来取决于东欧的新民主国家。这种言辞令柏林和巴黎颇为不满。2008 年巴拉克·奥巴马（Barack Obama）赢得大选，受到全欧洲的欢迎，新政府执政的头几年，美欧关系明显改善。

美国和欧洲之间的紧张关系反映了欧洲国家日益独立和自信，并在一定程度上反映了欧洲项目的成功。在有关伊拉克战争的争论中，德国和法国是对抗美国的盟友，而非"二战"时期的对手。欧洲煤钢共同体、欧洲经济共同体和欧盟不仅把德法两国以及欧洲其他许多国家集聚在一个经济交流的网络中，更是将它们团结在一个包括民主、市场经济、社会福利、人权与和平在内等共同价值观的共同体中。

结语：21 世纪的欧洲

在法国大革命结束后的两个世纪里，欧洲从一个由封建、等级制度、基督教君主政体组成的派别集合体，转变为一个由和平、民主、世俗和资本主义国家组成的富裕区域。一路走来，革命和战争的剧变塑造了这些变化。启蒙运动和 1789 年法国大革命首先提出了个人主义、人权和人民主权的思想。拿破仑战争和 1848 年革命将这些观念传播到欧洲各地，播下了自由主义和民族主义的种子。随着资本主义原则的诞生，欧洲开启工业革命进程，促进繁荣的同时，也带来了新形式的剥削和不平等。马克思主义是对资本主义过度发展的反应，让西欧社会走向了社会主义和社会民主主义道路，同时引发了俄国的共产主义革命。达尔文革命性理论改变了科学和宗教，也让我们重新审视人类及其在地球上的地位。

到了 1900 年，当时塑造当代欧洲的主要思想和运动都已成熟。但 19 世纪的许多激进变革释放了旧体制无法遏制的力量。民族主义动摇了欧洲帝国的根基，同时也在锻造像德国这样强大的新国家。这些力量在两次世界大战的大灾难中爆发，第一次世界大战几乎无情地导致了第二次世界大战。这些战争不同于以往的任何战争，新的军事技术和大规模的军队造成了前所未有的死亡和破坏。在战争中，平民第一次成为蓄意的甚至是主要的攻击目标，伦敦、柏林、东京和广岛遭受了大规模的空袭。在战争期间以及战争之前，俄国、德国和意大利的极权独裁政权甚至给本国人民带来了苦难和恐怖。

随着世界大战的爆发，两个新玩家加入了欧洲政治游戏，分别是美国和苏联。在两次世界大战之间的几年里，由于美国陷入了孤立，新的共产主义国家正在与战争、内战、集体化和饥荒做斗争，这两个国家相互冲突的利益和意识形态被暂时搁置。然而，随着德国在第二次世界大战中战败以及被占领，美苏两国成为全球超级大国和欧洲的主导力量。与此同时，欧洲主要强国正在从战时的破坏中恢复过来，并逐渐丧失其海外殖民地。

冷战始于欧洲，并在接下来的半个世纪里使欧洲分裂。东欧在苏联的霸权下变得更加一体化，西欧走向经济和政治联盟，但欧洲大陆的两个部分相互分离，被丘吉尔所描述的"铁幕"隔开。随后，1989 年至 1991 年结束了冷战，欧洲重新统一。在欧盟不断扩大的旗帜下，欧洲终于有了团结、自由、繁荣与和平的机会。

诚然，欧洲继续面临着一体化与分裂、全球化与种族分裂主义之间的冲突。正如我们所知，虽然欧盟的成员国不断增加，实力不断壮大，但许多人对欧盟日益增长的影响力和对国家主权的实际或象征性的限制感到不安。此外，在欧洲日趋壮大与多样化的同时，欧洲大陆上也有一些地方的人民正逐渐厌倦民族国家，并更加倾向于更小以及更同质化的国家。2010 年后的几年时间内，西班牙的加泰罗尼亚分离主义运动愈演愈烈，每年有多达100万人举行示威，要求该国东北角的加泰罗尼亚省独立。民调显示，加泰罗尼亚大约一半的人口支持独立。同样，在英国，苏格兰是英国的一部分，已经有300多年历史了，然而苏格兰独立的情绪导致英国议会批准在苏格兰就这个问题举行公投。2014年9月苏格兰公投前的民调显示，票数非常接近，这也震惊了世界各地的政治家以及经济体。最终，苏格兰以55%的选票反对独立，从而避免了分裂。

俄罗斯在欧洲的地位与乌克兰危机

然而，"二战"后欧洲的"统一"是一个惊人的成就，欧盟作为一个全球政治和经济大国出现亦是如此。然而，一个团结稳定的欧洲，对俄罗斯和美国的地位以及所扮演的角色提出了新的问题。俄罗斯在欧洲的地位一直有些冲突与矛盾。一方面，俄罗斯历史上曾宣称自己是第三罗马，在欧洲联合和拿破仑的战败中发挥了重要作用，在第一次世界大战开始和第二次世界大战结束时都是决定性因素。另一方面，俄罗斯在地理和文化上总是与欧洲有一定的距离，随着1917年的十月革命，俄国故意与"资产阶级西方"保持距离，俄罗斯总统鲍里斯·叶利钦和弗拉基米尔·普京（Vladimir Putin）任内也对北大西洋公约组织和欧盟的东进保持警惕。普京在2003年断言："从他们的心态和文化来看，俄罗斯人民是欧洲人。"[1]尽管如此，俄罗斯对民主政治和市场经济的承诺似乎不是那般确定。显然，东欧国家加入北约和欧盟的热情，在一定程度上是为了抵御俄罗斯。因此，在许多方面，欧洲似乎正在逐渐远离俄罗斯。

1991年年底苏联解体前，乌克兰是苏联的组成共和国之一。乌克兰的语言和文化是俄语的近亲，但它仍具独特性，乌克兰族几个世纪以来有着强烈的民族认同感。乌克兰族约占乌克兰人口的四分之三，但俄罗斯人是一个强大的少数民族，占与俄罗斯接壤的东部地区人口的近40%，以及克里米亚半岛总人口的一半。克里米亚本身曾是俄罗斯帝国和苏联的一部分，并在位于黑海的塞瓦斯托波尔拥有一个重要的苏联海军基地。在1954年的一个奇怪的地缘政治策略中，苏联领导层将克里米亚从俄罗斯共和国转移到乌克兰共和国，尽管当时这似乎并不重要，因为两者都是苏联的一部分，却为以后的危机埋下了伏笔。

欧美不断演变的关系

与此同时，欧洲与美国的关系也越来越矛盾，可谓是喜忧参半。与俄罗斯一样，美国与欧洲有着错综复杂的关系史。尽管巨大的文化、宗教、经济和政治影响在大西洋两岸交织，但第一次世界大战之前，美国一直与欧洲保持着孤立主义立场。但在20世纪，美国在欧洲发挥了决定性作用，两次介入并结束世界大战，"二战"后重建西欧，并在20世纪90年代在巴尔干半岛进行了军事行动。即使在战后的北大西洋联盟中，美国和欧洲之间也存在些许紧张关系，尤其是法国，它对美国施加于欧洲大陆的政治、经济和文化霸权感到不满。

冷战结束给世界政治和欧洲带来了新的势力格局。美国如今是唯一的超级大国,随后,美国便是一副耀武扬威的姿态,并逐渐变得傲慢以及专断。美国退出了一些欧洲人认为非常重要的国际条约或国际组织(如《京都议定书》和国际刑事法院)。2001年9月11日的恐怖袭击引起了欧洲对美国的广泛同情,但两年后,布什政府绕开联合国,单方面决定对伊拉克开战,从而失去了这些组织以及国家的支持。欧洲各国的首都纷纷举行大规模抗议示威,反对战争,甚至威胁要推翻支持美国的政府(如英国和西班牙的政府)。战争开始几个月后,一项对15个欧盟国家人民的调查显示,其中一半以上的受访者认为美国对世界和平构成威胁。[2]欧洲似乎也在逐渐脱离美国。

奥巴马当选美国总统后,由于奥巴马对其他国家采取了更加国际主义以及缓和的态度,欧洲对美国的看法发生改观,美欧关系随即好转。然而,新一届美国政府成立之时,恰逢美国金融业崩盘和大萧条以来最严重的经济衰退。美国的全球声誉已经在伊拉克战争中受到重创,并进一步受损,似乎为中国与欧盟等新兴大国关系的出现开辟了道路。在一个"软实力"正变得比硬核军事力量更重要的世界中,欧盟拥有世界上最大的经济体,并且是迄今为止世界上最大的贸易国,因此它是一个全球经济强国。

欧洲逐渐脱离美俄是冷战期间美苏两个超级大国衰落及欧洲力量和信心增强的共同作用。西欧已经摆脱了美国的主导影响,东欧也已经摆脱了苏联的统治,它们赢得了自治,并实现了自给自足。现代历史中,欧洲人民大部分时期都受到国王或暴君的压迫，遭受战争的摧残，或受到外部势力的支配。这是欧洲有史以来第一次拥有法国大革命所预示的自由，社会主义所提供的平等，以及统一欧洲所承诺的团结。

术语释义

君主专制制度：一种权力不受限制的君主政体，盛行于 18 世纪和 19 世纪的欧洲大部分地区。

旧制度：1789 年法国大革命前法国的旧政权政治和社会制度，其特点是君主专制、重商主义和等级森严的社会结构。

种族隔离：南非政府在 1994 年黑人占多数统治政府之前实行的种族隔离政策。

巴尔干半岛：欧洲东南部的巴尔干半岛，包括阿尔巴尼亚、保加利亚、希腊、罗马尼亚和南斯拉夫的部分地区。

柏林空投：美国从 1948 年开始向西柏林进行了长达一年的物资空投，当时苏联封锁了从西德进入西柏林的通道；这是冷战开始的一个关键因素。

柏林墙：苏联于 1961 年修建的一堵墙，将苏联控制的东柏林和西方控制的西柏林分开，以禁止东方人通过西柏林逃往西方。柏林墙于 1989 年 11 月拆除。

闪电战：德语中"闪电战"的意思是迅速压倒敌人，在第二次世界大战初期被希特勒的军队使用。

布尔什维克：俄国社会民主劳动党的一个派别，由弗拉基米尔·列宁领导，在 1917 年十月革命中夺取政权，随后成为苏联共产党。

资产阶级：源于法语词 bourgeoisie，意为"城镇居民"，马克思用以描述资本主义社会中的中产阶级。

陈情书：1789 年，法国三级会议选举中选民们起草的请愿清单；该陈情书在革命开始时将民众政治化。

《七七宪章》：一批捷克斯洛伐克知识分子（包括瓦茨拉夫·哈韦尔）于 1977 年签署的文件，呼吁政府尊重《赫尔辛基协定》所保障的人权。随后指代捷克斯洛伐克的人权运动。

公民民族主义：俾斯麦和加富尔等领导人采用"自上而下"的方式所提倡的民族主义，不同于"自下而上"发起的人民民族主义。

阶级意识：马克思用来描述资本主义社会工人（无产阶级）的革命思想发展的术语。

集体安全：指国际联盟和联合国的组织原则，主张对一国的侵略将被视为对所有国家的侵略，因此，应以所有国家的共同行动抵制侵略。

殖民主义：一个国家通过建立殖民地并派遣定居者到另一个国家来扩大控制的做法。

共同市场：没有贸易壁垒（如关税或配额）的地区，用来描述欧盟雏形的术语。

共产主义：无产阶级的思想体系和政治制度，财产公有制，消除社会阶级和国家概念，实行"各尽所能，按需分配"的原则；该理论由卡尔·马克思在《共产党宣言》中阐述，并由列宁以及苏联共产党采纳并发扬光大。

《共产党宣言》：由马克思与恩格斯 1848 年起草的纲领，全面系统地阐述科学社会主义理论，指出共产主义运动将成为不可抗拒的历史潮流。

欧洲协调机制：1815 年后欧洲各君主国所组建的联盟，旨在防止或粉碎对其保守政权的任何威胁。该机制首先由奥地利亲王克莱门斯·冯·梅特涅提出。

君主立宪制：由成文或不成文的宪法限制其权力的君主政体，与专制君主政体有所区别。

经济互助委员会（CMEA 或 Comecon）：莫斯科于 1949 年建立的一个组织，旨在协调东欧社会主义国家的贸易和经济一体化。该组织于 1991 年解散。

《资本论》：卡尔·马克思创作的经济学著作，他在书中描述了资本的生产过程、流通过程和资本运动总过程的分析。第一卷出版于 1867 年。

非殖民化：欧洲帝国殖民地获得政治独立的过程，主要发生在 20 世纪，尤其是第二次世界大战结束之后。

辩证唯物主义：是马克思主义哲学理论，由辩证唯物论、唯物的辩证法和认识论三部分组成。

君权神授：统治者从上帝那里获得统治权的学说，在 17—19 世纪为许多欧洲君主所用。

二元制君主制：奥地利和匈牙利依据《奥匈协议》于 1867 年在哈布斯堡王朝的共同统治下建立的宪法联盟，该制度一直持续到 1918 年。

圈地运动：指英国历史上把曾被视为共同财产的土地围成私有财产的做法。该运动在 17 世纪达到顶峰，导致穷人从农村迁移到城镇。

启蒙运动：18 世纪强调理性、个人主义和人权的哲学思潮。卢梭、康德、托马斯·潘恩是启蒙思想的提倡者，美国与法国的革命中都闪烁着启蒙思潮的光芒。

优生学：通过社会控制交配和遗传来改善人类的研究，通常是通过阻止那些被认为低劣或不合格的人进行繁殖。

欧元：欧盟 27 个成员国中 18 个成员国使用的共同货币。

欧洲煤钢共同体（ECSC）：1951 年由法国、德国、意大利、比利时、荷兰和卢森堡建立的煤炭和钢铁共同市场，是欧洲经济共同体和欧盟的前身。

欧洲经济共同体（EEC）：1957 年为在成员国之间建立一个完整的共同市场而建立的欧洲共同体的继承者，欧洲联盟的前身。

欧洲联盟（EU）：1994 年以前被称为欧洲共同体（EC），是一个旨在促进成员国间经济联盟的政府间组织，2014 年成员国数量达到 28 个。

欧元区：欧盟成员国所组建的经济和货币联盟，并采用欧元作为共同货币。

进化论：达尔文 19 世纪提出的一种理论，认为动植物物种是通过自然选择的过程，从早期的形式逐渐、不断地变化而发展起来的。

法西斯主义：一种极权主义意识形态，在一个强大的独裁者看来，崇敬民族或国家，强调秩序、军国主义，有时还强调种族主义。这是墨索里尼 20 世纪 20 年代在意大利建立的制度，但也是一个用来形容其他极端右翼、民族主义和独裁运动及政权的术语，如希特勒领导下的德国和佛朗哥领导下的西班牙。

封建主义：中世纪欧洲的社会和经济制度（在某些地方持续到 19 世纪），指的是一个附庸（如农奴）从一个上级（如庄园主）手中占有土地，以换取效忠和服务。

五年计划：在苏联，政府控制的经济计划最早由斯大林在 1929 年实施，目的是迅速工业化。

"十四点"计划：1918 年，美国总统伍德罗·威尔逊提出了"一战"和平建议，其中包括呼吁各国自决和建立国际联盟。

功能主义：主张实现国际合作与和平的最佳途径，是通过国家间逐步扩大经济和社会合作而非政治途径。该主义是"二战"后欧洲共同市场形成的主要思想。

国内生产总值（GDP）：一个国家在一定时期内（通常是一年）生产的商品和服务的总价值，是衡量一个国家经济规模的标准。

历史唯物主义：马克思主义理论的重要组成部分，认为社会历史发展的每一个阶段都是以经济因素为基础的，尤其是生产资料等经济因素。

神圣联盟：1815 年成立，受俄国沙皇亚历山大一世的启发，俄国、奥地利和普鲁士达成协议，维护和保护欧洲的基督教君主政体。大多数欧洲君主都拥护联盟，联盟一直持续到 1848 年。另见"欧洲协调机制"。

帝国主义：一国取得附属领土或将一国的影响扩大到其他国家的政策。欧洲帝国主义在 19 世纪中叶达到顶峰。

孤立主义：美国在 20 世纪初开始实施的一项政策，旨在避免与国际社会，特别是与欧洲的政治或军事纠葛。这一政策在"二战"后随着美国介入欧洲而果断终止。

放任自由（laissez-faire）：laissez-faire 为法语词，意思是"放

手"，即一个经济体在没有政府干预的情况下能够最高效运转的理论。18 世纪，亚当·斯密进一步发展了这一原则，这是资本主义的核心要素。

国际联盟：第一次世界大战后为促进通过集体安全原则，以和平解决国际争端而成立的国际组织；为联合国的前身。

列宁主义：20 世纪初俄国革命者列宁对马克思主义理论的修正，强调了尽管俄国还未达到先进资本主义社会水平，但"党的先锋队"（布尔什维克）能够在推动俄国革命中发挥重要作用。

自由主义：19 世纪中叶，由受过教育的中产阶级所提出的一套思想，推崇进步、个人权利、投票权和宪政等启蒙思想。

委任统治制度："一战"中战败国（如德国和土耳其）的殖民地被国际联盟置于盟国监护之下的安排。

马歇尔计划：美国于 1947 年至 1952 年对西欧的大规模援助计划，以重建被"二战"摧毁的经济。

马克思主义：是关于全世界无产阶级和全人类彻底解放的学说。它由马克思主义哲学、马克思主义政治经济学和科学社会主义三大部分组成，是马克思、恩格斯在批判地继承和吸收人类关于自然科学、思维科学、社会科学优秀成果的基础上于 19 世纪 40 年代创立的，并在实践中不断地丰富、发展和完善的无产阶级思想的科学体系。

重商主义：1500 年开始盛行西欧的一项重要经济政策，直到工业革命时期自由放任思想出现后，才慢慢被人们抛弃。重商主义者认为，一个国家的财富和权力最好能通过积累银和金等贵金属来增强。没有这种金属的国家必须依靠政府主导的贸易以获取。

君主制：以君主（如国王、女王或皇帝）为首的一种政府形式；1789 年以前的大多数欧洲政府和 19 世纪的许多政府均采用该政体。

民族：具有共同文化、认同感和政治抱负的一群人。通常他们有自己的国家（形成一个民族国家），但也有例外。

民族主义：国家利益至上的政治和社会哲学。19 世纪，这是一股塑造民族国家的强大力量，但它也可能是种族中心主义或军国主义的根源，正如它在纳粹德国的表现形式那样。

民族自决：主张一个国家有权拥有自己的国家并选择自己的政府形式的学说。

德国全国社会主义工党：阿道夫·希特勒所领导的纳粹党。

民族国家：主要由一个民族组成的国家（拥有自己的政府）。

自然选择：是达尔文进化论的一个关键要素，它认为一个物种中，具有最有用特征的植物或动物将会存活，并将这些特征传给后代。

虚无主义者：虚无主义的拥护者（来自拉丁语，意思是"没有"），一种拒绝所有现存道德原则和社会、经济和政治制度的学说。这个词由俄国作家伊凡·图热涅夫创造，用来形容19世纪俄国呼吁摧毁现存的所有机构的革命者。

不结盟运动：奉行不与任何大国集团正式结盟或对抗的国家间组织，1961年由于反对冷战而成立，现有约120个成员国。

北大西洋公约组织（北约，NATO）：1949年美国为阻止苏联在欧洲的军事侵略威胁而成立的区域性共同防御联盟。1989—1991年东欧剧变及苏联解体后，它的成员国随之扩大，使命也随之改变。

奥斯曼帝国：由奥斯曼土耳其人于14—16世纪建立，在16世纪达到鼎盛，之后逐渐衰落，最后在第一次世界大战失败后解体。19世纪，它的国土包括小亚细亚和欧洲巴尔干半岛的大部分地区。

启蒙哲学家（philosophes）：指 18 世纪末法国启蒙思想家和社会批评家。

人民民族主义：由群众"自下而上"推动的民族主义，有别于由政治领导人推动的公民民族主义。

民粹主义者：俄语中称为 Narodniki；19 世纪的社会主义运动产生，以知识分子居多，他们试图以传统的农民公社为基础来改造社会。

无产阶级：指被雇佣的阶级。

受保护国：受另一个国家控制或保护的国家。英国 19 世纪 80 年代在埃及和阿富汗建立了保护国。

四国同盟：1815 年由俄国、奥地利、英国和普鲁士为维持拿破仑战败后的现状而建立的联盟，后来被神圣联盟的精神所支配。

配额：在国际贸易中，对从其他国家进口特定产品的一种固定的限制，这种保护主义（连同关税）在欧盟成员国中基本上被消除了。

意大利统一（Risorgimento）：Risorgimento 为意大利语，意

为"复兴"，指 19 世纪由马志尼、加富尔和加里波第等人物领导的意大利民族统一运动。

浪漫主义：尤指 19 世纪的一种艺术运动，它主张回归自然，使情感和感官高于理性，并反对 18 世纪的理性主义。

瓜分非洲：欧洲列强在 19 世纪末对非洲的快速殖民统治。

分裂主义：一种民族主义形式，即一个民族或国家希望从一个较大的国家或帝国中分离出来，形成独立的民族国家。

斯拉夫人：中欧或东欧讲斯拉夫语民族中的一个分支，如俄罗斯人、波兰人和塞尔维亚人。

斯拉夫派：俄国 19 世纪的一个团体，认为俄国的伟大源自传统的制度，如东正教或农村公社，该团体反对俄国西化。

社会契约：启蒙时期由洛克、卢梭等人提出的一种哲学，主张人们通过建立一个政府来结束自然状态，而政府则负责保护这些人，是民主理论的核心原则。

社会达尔文主义：达尔文生物进化论在政治、社会和经济领域的错误应用，常被用来证明占统治地位的国家、群体或种族的优越地位。赫伯特·斯宾塞是社会达尔文主义的主要倡导者。

苏联：苏维埃社会主义共和国联盟的简称。

国家：一个有组织的政治实体，占据一定的领土，并有一个拥有主权的政府。

选举权：在政治选举中投票的权利。

超国界的：位于传统国家范畴之上，或超越国家范畴的组织或程序，如欧洲联盟中的一些元素。

关税：在国际贸易中，一国对进口产品征税，从而降低其与国内产品的竞争优势的一种经济保护主义形式；如今，关税已经在欧盟国家中基本消除。

第三帝国 (Third Reich)：在德语中的意思是第三王国或帝国。纳粹宣传者用来描述希特勒在德国的政权（1933—1945），这是1871年神圣罗马帝国的第一帝国和德意志帝国的第二帝国之后的又一个帝国。

第三世界：冷战时期流行起来的一个术语，用来描述非西方世界的发展中国家，主要分布在非洲、亚洲和拉丁美洲。

三国同盟：从 19 世纪 80 年代到第一次世界大战，奥匈、德国和意大利（也被称为中央大国）之间的联盟。战争开始时，意大利退出该联盟，加入协约国。

三国协约：1907 年英、法、俄之间所组建的松散联盟，1914 年第一次世界大战爆发时成为正式联盟（也称同盟国）。

杜鲁门主义：根据 1947 年美国总统哈里·杜鲁门（Harry Truman）的讲话而产生。这一理论成为美国遏制共产主义政策的基础。

沙皇：俄国皇帝的头衔（来自拉丁语 Caesar，意为"恺撒"）。

华沙条约：又称华沙条约组织，为东欧社会主义国家的军事联盟，由苏联主导；1955 年成立，1991 年解散。

魏玛共和国：第一次世界大战后在德国建立的民主政府，一直持续到 1933 年希特勒上台为止。

雅尔塔协议：1945 年罗斯福、丘吉尔和斯大林在苏联度假胜地雅尔塔签署的关于"二战"后欧洲秩序的协议。尽管他们呼吁东欧建立民主政府，但他们也肯定了苏联在该地区的主要影响。

注　释

第一章　旧制度与启蒙运动

本章主要基于保罗 R. 汉森（Paul R. Hanson）的《革命的法国》（阿克顿，1996），由作者授权引用。

1. 与美国宪法不同，英国宪法是一部由各类文件（如《大宪章》）、议会法案、法律习俗与传统组成的不成文宪法。

2. 援引詹姆斯·米勒与卢梭著作：《民主的梦想者》（纽黑文，CT: 耶鲁大学出版社，1984），第 120 页。

3. 援引康德 1784 年的文章：《何谓启蒙？》（互联网上可查到）。

第二章　法国大革命与拿破仑

1. 援引 1793 年罗伯斯庇尔的演讲《论革命政府》。

2. 援引约翰·梅里曼：《欧洲现代史》，第 2 卷（纽约：诺顿，1996），第 567 页。

3. 约翰·梅里曼：《现代欧洲史》，第 567 页。

第三章　工业革命与资本主义的诞生

1. 大不列颠是不列颠群岛中面积最大的岛屿，由英格兰、苏格兰和威尔士组成，是当时大不列颠及爱尔兰联合王国的最大组成部分（自 1922 年起爱尔兰更名为北爱尔兰）。

2.R. R. 帕尔默（R. R. Palmer）和乔尔·科尔顿（Joel Colton）：《自 1815 年以来的现代世界史》，第 7 版（纽约：麦格劳·希尔，1992），第 459 页。

3. 弗洛拉·特里斯坦：《乌托邦女权主义者：她的旅行日记和个人十字军东征》，由多丽丝和保罗贝克编辑（布卢明顿：印第安纳大学出版社，1993），第 63 页。

第四章　1848 革命

1. 神圣罗马帝国是一个从 10 世纪到 1806 年，覆盖中欧大部分地区的政治体：它之所以是"罗马帝国"，是因为它宣称继承罗马帝国，而"神圣"则是因为它最初宣称拥有对基督教世界的权威。

2. 援引诺曼·戴维斯：《欧洲史》（纽约：牛津大学出版社，1996），第 762 页。

3. 援引 E. J. 霍布斯鲍姆（E. J. Hobsbawm）：《革命时代：1789—1848》（纽约：新美国图书馆，1962），第 362 页。

4. 援引《波兰文学史》，第 2 版（伯克利：加州大学出版社，1983），第 230 页。

第五章　马克思、马克思主义与社会主义

1.《马克思与马克思主义》，《新大英百科全书》（芝加哥：大英百科全书，2002），第 534 页。

2. 辩证法是借用以及改编自德国著名哲学家格奥尔格·威廉·

弗里德里希·黑格尔的思想。

第六章　达尔文主义与社会达尔文主义

1. 萧伯纳：《回到玛土撒拉：新陈代谢的五行术》（纽约：布伦塔诺出版社，1921），第 65 章。

2. 赫伯特·斯宾塞：《社会静力学；或，人类幸福的基本条件》中的《济贫法》一章（纽约：阿普尔顿，1884），第 354 页。

3. 援引菲利普·阿普尔曼（Philip Appleman）负责编辑的《达尔文：诺顿评论版》（纽约：诺顿，1970），第 497 页。

4. 海因里希·冯·特雷奇克（Heinrich von Treitschke）（1834—1896），援引 D. R. 奥尔德罗伊德（D. R. Oldroyd）的著作《达尔文影响：达尔文革命导论》（大西洋高地，新泽西：人文出版社，1980），第 217 页。

5. 阿道夫·希特勒：《我的奋斗》，第一卷，第 11 章。

6. 援引奥尔德罗伊德：《达尔文影响：达尔文革命导论》，第 218 页。

7. 在电视连续剧《宇宙：时空之旅》第一季第二集《分子所做的一些事情》（国家地理频道 2014 年 3 月 16 日播出）。

8. 西格蒙德·弗洛伊德：《精神分析导论》与其他作品，第 22 卷（伦敦：霍加斯，1964），第 168 页。

9. 弗洛伊德：《文明及其不满》（纽约：诺顿，1961），第 77 页。

10. 援引奥尔德罗伊德：《达尔文影响：达尔文革命导论》，第 233 页。

第七章　意大利与德国的统一

1. 援引诺曼·戴维斯：《欧洲史》（纽约：牛津大学出版社，1996），第 823 页。

2. 援引诺曼·戴维斯：《欧洲史》，第 814 页。

3. 援引约翰·梅里曼：《欧洲现代史》，第 2 卷（纽约：诺顿，1996），第 770 页。

4. 约翰·梅里曼：《欧洲现代史》，第 771 页。

5. 诺曼·戴维斯：《欧洲史》，第 826 页。

第八章　帝国主义时代与对非洲的瓜分浪潮

1. 约翰·梅里曼：《现代欧洲史》，第 2 卷（纽约：诺顿，1996），第 960 页。

2. 约翰·梅里曼：《现代欧洲史》，第 1000 页。

3. 威廉姆·奈尔：《尼日利亚：非洲国家的变革与传统》，第 3 版（1999），第 27 页。

4. 斯坦利早先在坦噶尼喀湖畔寻找并发现了探险家兼传教士大卫·利文斯通，并在那里说出了一句经典对白：“我想，您就是利文斯通博士吧？”

第九章　第一次世界大战

1. 援引诺曼·戴维斯：《欧洲史》（纽约：牛津大学出版社，1996），第 875 页。

2. 引用于约翰·G. 斯托辛格（John G. Stoessinger）的《为什么国家要开战》，第 8 版（波士顿，2001），第 6 页。

3. 乔治·弗罗斯特·肯南：《美国外交》（芝加哥：芝加哥大学出版社，1951），第 58 页。

4. 温斯顿·丘吉尔：《世界危机》（纽约：斯克里布纳出版社，1929），第 1~2 页。

第十章　俄国革命与共产主义

1. 保罗·瓦利尔：《俄国文明的变化与传统》（印第安纳波利斯：巴特勒大学，1995），第 111 页。

2. 《妇女解放：摘自弗拉基米尔·伊里奇·列宁的著作》（纽约：国际出版商，1966），第 97~123 页。

3. 温迪·Z. 戈德曼（Wendy Z. Goldman）：《妇女、国家与革命：1917—1936 年苏联家庭政策与社会生活》（纽约：剑桥大学出版社，1993）。

4. 布尔什维克夺取政权发生在旧（儒略历）历法下的 10 月 25 日和 1918 年苏联政府采用的新（公历）历法下的 11 月 7 日。因此，每年 11 月 7 日为十月革命的周年庆祝日。

第十一章　第二次世界大战与大屠杀

1. 温斯顿·丘吉尔：《他们最美好的时刻》（波士顿：霍顿·米夫林，1949），第 25 页。

第十二章　欧洲分裂、冷战与非殖民化

1. 《杜鲁门主义》的演讲稿在《从斯大林主义到多元主义：1945 年以来东欧的纪录片史》被重印，（纽约：牛津大学出版社，1991），第 35~37 页。

2. 罗斯福于 1945 年 4 月去世，由此，哈里·杜鲁门主持了联合国的创立，这对他来说一定有着特殊的意义。多年来，他一直把他最喜欢的丁尼生的诗歌《洛克斯利大厅》（见附文 3.2）的几节放在钱包里，最后：

吾曾探究未来，凭眼权力远眺，

望见世界之远景，望见将会出现之种种奇迹；

……

直到鸣金收兵，直到战旗息偃，

息偃在全人类之议会里，在全世界之联邦里。

第十三章　欧洲联盟——欧洲的统一市场与自由

1. 在一个关税同盟中，一些国家同意消除其中的一些限制（如配额或进口税，这些称为关税）。

2. 援引诺曼·戴维斯：《欧洲史》（纽约：牛津大学出版社，1996），第 8 页。

3. 由加布里埃尔·阿尔蒙德（Gabriel Almond）、罗塞尔·达尔顿（Russell Dalton）以及小 G. 宾厄姆·鲍威尔（G.Bingham Powell）编辑的《今日欧洲政治》，第 2 版（纽约：朗曼，2002），第 459 页。

4. 这三个欧洲共同体的首都斯特拉斯堡、卢森堡和布鲁塞尔都位于法德两种语言的边界，在许多方面而言，这一地区仍是欧盟的核心。

5. 诺曼·戴维斯：《欧洲史》，第 1119 页。

6. 欧盟盟歌 MP3 格式版本请见网址：http://europa.eu/abc/symbols/anthem/index_en.htm。

7. 以人均国内生产总值衡量的生活水平。国内生产总值是一个国家一年内生产商品和服务的总价值，也是经济规模的标志。这个数字除以人口规模，得出的人均数字可大致反映收入水平或生活水平。

8. 约翰·麦考密克：《欧洲超级大国》（纽约：帕格雷夫麦克米伦，2007），第 89 页。

9. 理查德·伯恩斯坦（Richard Bernstein）：《大陆在宣示其信仰时扭动双手》，《纽约时报》，2003 年 11 月 12 日。

10. 根据弗兰克·布鲁尼（Frank Bruni）报道的欧洲价值观研究的调查数据，《欧洲主流基督教的衰落》，《纽约时报》，2003 年 10 月 13 日，第 1 页，A5 版面。

结语　21 世纪的欧洲

1. "普京的现在与他的过去抗争"，《纽约时报》，2003 年 10 月 9 日，A11 版面。

2. 2003 年 10 月，代表欧洲委员会对 7500 名欧洲人进行了一项民意调查，艾伦·考威尔（Alan Cowell）在《纽约时报》，

2003 年 11 月 16 日报道，"布什的访问激化了欧洲针对美国的抗议活动"。

补充阅读推荐

本书篇幅有限，为了获得更好的理解，读者需要阅读每一个时代的原始资料，也许还需要了解一些史学家对事件的不同表述和解释。读者可查阅文献资料，或搜索互联网，从而获取这些材料。

文件以及原始材料

首先，读者可查阅福特汉姆大学的"互联网现代历史资料集"（Internet Modern History Sourcebook），它按地区、国家和时代进行了清晰的编排，包含数百个原始文件的链接（大部分翻译成英文）以及其他拥有海量文件的网站（http://www.Fordham.edu/Halsall/mod/modsbook.asp）的链接。另一个资料网站便是杨百翰大学的"欧洲文献：欧洲历史线上资料库"（网址：http://eudocs.lib.byu.edu）。欧盟也设立了一个网站（网址：europa.edu），里面包括诸多历史文献资料。

约翰·C. 斯旺森（John C. Swanson）和迈克尔·S. 梅兰孔（Michael S. Melancon）出版了一本非常有用的印刷版资料书，名为《现代欧洲：历史的渊源与视角》（*Modern Europe：Sources and Perspectives from History*，朗曼，2003），其章节和组织结构与本书非常相似。上述两位作者还著有另一本类似的书，与第一本有所重叠，名为《十九世纪的欧洲：历史的渊源与视角》（*Nineteenth-Century Europe : Sources and Perspectives from History*，朗曼，2007）。而马文·佩里（Marvin Perry）、马修·伯格（Matthew Berg）和詹姆斯·克鲁科内斯（James Krukones）在《自 1900 年以来欧洲历史的渊源》（*Sources of European History : Since 1900*）一书中则涵盖了 20 世纪的欧洲历史。

书籍与二手材料

为了配合这本书对简短而清晰历史的强调，我对本书中所论述的每一个主题，有针对性地逐章推荐了一些阅读材料与书籍。更全面的参考书目和阅读材料可在推荐书目中找到。同时，我也会推荐一些围绕本书主题的虚构作品。

欧洲现代史——概论

有时，想要全面了解欧洲历史，读者可翻阅有关世界历史的教科书，其中最具可读性的是乔尔·科尔顿（Joel Colton）、劳埃德·克莱默（Lloyd Kramer）和 R. R. 帕尔默（R. R. Palmer）所著的《世界现代史》（*A History of the Modern World*），第 10 版（克诺普夫，2007），不过您得有心理准备，这本书有 1200 多页！这本书的其他版本有单独的一卷，涵盖 1815 年以来的欧洲历史，篇幅更短。而综观现代欧洲综合史书籍中，堪称寓教于乐典范的则是约翰·梅里曼所著的《现代欧洲史第 2 卷：从法国大革命到现在》（*A History of Modern Europe, vol. 2: From the French Revolution to the*

Present，诺顿，2009）。另外就是阿萨·布里格斯（Asa Briggs）和帕特里夏·克拉文（Patricia Clavin）所著的《现代欧洲：1789年至今》（*Modern Europe, 1789–Present*）（劳特利奇，2003）。这两本著作都是按主题和时代编排的综合书目。

旧制度与启蒙运动

《旧制度与法国大革命》（*The Old Regime and the French Revolution*, Anchor，1955）是由 18 世纪法国人亚历克西斯·德托克维尔（Alexis de Tocqueville）所编写的经典研究型作品，他还编有《论美国的民主》（*Democracy in America*）一书。威廉·多伊尔（William Doyle）近期所出版的《旧制度》（*The Ancien Regime*，帕尔格雷夫，2001）则同时描绘了旧制度下的法国与欧洲。下列书籍对启蒙运动做了简要概述：罗伊·波特（Roy Porter）的《启蒙运动》（*The Enlightenment*，帕尔格雷夫，2001）和多琳达·奥特兰（Dorinda Outram）的《启蒙运动》（*The Enlightenment*，剑桥，1995）。诺曼·托里（Norman Torrey）的《哲学人：启蒙与现代民主哲学家》（*Les Philosophes: The Philosophers of the Enlightenment and Modern Democracy*, Perigee, 1980）将关注点聚焦于启蒙思想家。如果你想获得一点轻松的娱乐体验，同时又可以了解到旧制度下的一些社会礼仪与启蒙思想，皮埃尔－奥古斯丁·加隆·德·博马舍1778 年出版的连环画《费加罗的婚礼》（*the Marriage of Figaro*）将是你的不二之选，该作品基于莫扎特同名歌剧而创作。

法国大革命与拿破仑

下列书籍对法国大革命做了简要论述：保罗·R. 汉森（Paul R. Hanson）的《革命中的法国》（*Revolutionary France*，科普利，1999）；杰里米·波普金（Jeremy Popkin）的《法国大革命简史》（*A Short History of the French Revolution*，普伦蒂斯·霍尔，1995）；杰克·R. 塞纳（Jack R. Censer）和林恩·亨特（Lynn Hunt）的《自由、平等、博爱：探索法国大革命》（*Liberty, Equality, Fraternity: Exploring the French Revolution*，宾夕法尼亚州立大学，2001），该书包含许多文档，并附带一张光盘，光盘里刻录了相关图像、歌曲和文档。拿破仑是许多传记的主题，其中大部分都很厚。而大卫·尚德兰等人所著的《拿破仑：不朽的皇帝》（*Napoleon : The Immortal Emperor*, Vendome, 2003）则篇幅简短，描述生动。

许多文学名著都是以革命或拿破仑时代为背景，比如，查尔斯·狄更斯在《双城记》（1859）中对法国大革命时期一个家庭的描写；司汤达在《红与黑》（*The Red and the Black*，1830）中塑造了一个年轻的梦想家，他的思想受到了后拿破仑时代法国思想的影响；托尔斯泰名为《战争与和平》（*War and Peace*，1869）的史诗巨著，描绘了拿破仑战争，被认为是有史以来最伟大的小说。

工业革命与资本主义的诞生

T. S. 阿什顿（T. S. Ashton）所著的《1760—1830 年的工业革命》（*The Industrial Revolution, 1760–1830*），堪称一本简要描述工业革命的经典之作，该书于 1948 年首次出版，现由牛津大学出版社

（1998）出版。约翰·F.C.哈里森（John F.C. Harrison）所著的《1714—1867 年工业英格兰的诞生与发展》（*The Birth and Growth of Industrial England, 1714–1867*，哈考特·布雷斯，1973）不仅关注英国的工业革命，同时还聚焦了一些社会政治情况。查尔斯·狄更斯的许多小说都探讨了工业化的黑暗面，包括《雾都孤儿》（*Oliver Twist*，1838）、《大卫·科波菲尔》（*David Copperfield*，1850）和《艰难时世》（*Hard Times*，1854）。

1848 年革命

以下作品对 1848 年革命做了简要概述：乔治·杜维厄（Georges Duveau）的《1848 年：革命的形成》（*1848 : The Making of a Revolution*，1967），乔纳森·斯珀伯（Jonathan Sperber）的《1848 至 1851 年的欧洲革命》（*The European Revolutions, 1848–1851*，剑桥，1994）；彼得·斯特恩斯（Peter Stearns）的《1848 年：欧洲革命浪潮》（*1848 : The Revolutionary Tide in Europe*，诺顿，1974）。

马克思、马克思主义与社会主义

对马克思生活和思想最好的阐述是大卫·麦克莱伦所著的《卡尔·马克思：他的生活与思想》（*Karl Marx: His Life and Thought*，哈珀·柯林斯，1974），不过这一本书并不真正符合我的简短标准！而汤姆·恩格尔哈特（Tom Engelhardt）的《马克思入门》（*Marx for Beginners*, 1990）是一部短小精悍、异想天开的作品。《共产党宣言》的许多版本都对这部作品做了介绍，其中包括 Signet 出版社的重印版（1998），该版本中，历史学家马丁·马利亚（Martin Malia）对《马克思入门》做了相关介绍。《共产党宣言》作者的经典著作集则是罗伯特·塔克主编的《马克思恩格斯读本》（*The Marx-Engels Reader*, 诺顿，1978）。

达尔文主义与社会达尔文主义

《物种起源》的文本可在重印版和网站 http://www.gutenberg.org/ebooks/2009 上查阅。史蒂夫·琼斯（Steve Jones）所著的《达尔文幽灵》（*Darwin's Ghost*, 巴兰丁，1999），对《物种起源》进行了更新，在保持原版相同编排风格的同时，采用了一种现代流行的风格进行论述。由诺拉·巴洛（Nora Barlow）编辑的《查尔斯·达尔文自传》（*The Autobiography of Charles Darwin,* 诺顿，1958）是在达尔文 67 岁的时候为他的孙子们所写，该书描述了他开创性的著作出版、探索的过程以及他不断变化的宗教观。关于达尔文主义和社会达尔文主义对科学、政治、文学、神学等的影响，D. R. 奥德罗伊德（D. R. Oldroyd）的《达尔文主义的影响：达尔文主义革命导论》（*Darwinian Impacts: An Introduction to the Darwinian Revolution*，开放大学出版社，1980）做了非常有趣的论述。

意大利与德国的统一

关于意大利统一及其各种历史解读的简要概述，请参见露西·里奥（Lucy Riall）的《意大利复兴：国家、社会和民族统一》（*The Italian Risorgimento: State, Society and National Unification*，劳特利奇，

1994）。丹尼斯·麦克·史密斯（Denis Mack Smith）在《卡沃》（*Cavour*,
克诺普夫，1985）、《马志尼》（*Mazzini*, 耶鲁，1994）和《加里
波第：短暂的伟大一生》（*Garibaldi : A Great Life in Brief*, 克诺普夫，
1956）中描述了意大利统一过程中非常有趣的人物个性。而 D. G. 威
廉森（D. G. Williamson）所著的《1862—1890 年的俾斯麦和德国》
（*Bismarck and Germany, 1862—1890*，艾迪生韦斯利，1998）则对
德国统一做了简要介绍，这本书的可读性非常强。

帝国主义时代与对非洲的瓜分浪潮

雷蒙德·贝茨（Raymond Betts）的《虚假的黎明：十九世纪
的欧洲帝国主义》（*The False Dawn: European Imperialism in the
Nineteenth Century*，牛津，1975）是对帝国主义最为全面简洁的论
述。而随后，W. D. 史密斯（W. D. Smith）编写《欧洲十九世纪和
二十世纪的帝国主义》（*European Imperialism in the Nineteenth and
Twentieth Centuries*, 沃兹沃斯，1982），对帝国主义继续展开论述。
拉迪亚德·吉卜林（Rudyard Kipling）的代表作小说《金》（*Kim*,
1901）以殖民地印度为背景，讲述了俄国与英国两大帝国在南亚
和中亚殖民地之间的竞争。

第一次世界大战

关于第一次世界大战的起因和该问题的史学辩论，詹姆斯·乔
尔（James Joll）所著的《第一次世界大战的起源》（*The Origins of
the First World War*，朗曼，1984）做了最简洁的描述。芭芭拉·塔

奇曼（Barbara Tuchman）的《八月之枪》（*The Guns of August*，巴兰丁，1994）是一部篇幅长，却引人入胜的经典著作，该作品获得了普利策奖（Pulitzer Prize）。著名的英国军事历史学家迈克尔·霍华德（Michael Howard）在《第一次世界大战》（*The First World War*，牛津，2003）中以简洁的方式从头到尾讲述了这场战争。埃里希·玛丽亚·雷马克的《西线无战事》是一部关于战争的经典小说，也是有史以来最伟大的战争小说之一。

俄国革命与共产主义

希拉·菲茨帕特里克（Sheila Fitzpatrick）的《俄国革命》（*The Russian Revolution*，牛津，2001）对列宁和斯大林领导下的俄国革命和苏维埃国家巩固做了简明的阐述与解读。如今，很难找到一部优质的苏联简史，而罗纳德·辛格利（Ronald Hingley）的《俄国简史》（*Russia: A Concise History*，泰晤士河和哈德逊，1991）从更广的层面描述了这一时期。罗伯特·马西的《尼古拉斯和亚历山德拉》（*Nicholas and Alexandra*，2000）为一部引人入胜的长篇著作，该作品描述了最后一位沙皇及其家人，以及俄罗斯帝国末期。鲍里斯·帕斯捷尔纳克（Boris Pasternak）的精彩小说《日瓦戈医生》（*Dr. Zhivago*）以俄罗斯革命动荡的年代为背景，于1957年在意大利首次出版，由于书中主人公对革命的矛盾态度，此书在苏联被禁多年。

第二次世界大战与大屠杀

约阿希姆·雷马克（Joachim Remak）所著的《第二次世界大

战的起源》（*The Origins of the Second World War*，普伦蒂斯·霍尔，1976）中对"二战"的起因做了简要阐述，而戈登·赖特（Gordon Wright）的《1939—1945 年全面战争的苦难》（*The Ordeal of Total War, 1939—1945*，哈珀和罗，1968）中则概述了战争本身。有许多关于希特勒和墨索里尼的经得起推敲的传记；高质量的简明传记包括伊恩·克肖（Ian Kershaw）的《希特勒》（*Hitler*，朗曼，2001）和罗伯特·马莱特（Robert Mallett）的《墨索里尼和 1933—1940 年第二次世界大战的起源》（*Mussolini and the Origins of the Second World War, 1933—1940*，帕尔格雷夫，2003）。有关大屠杀的辩论的精彩回顾，请参见迈克尔·马鲁斯（Michael Marrus）所著的《历史上的大屠杀》（*The Holocaust in History*，1988）。埃利·威塞尔的《夜》（*Night*）对纳粹死亡营的经历做了简短描述，故事引人入胜、动人心弦。该作品于 1958 年第一次出版，威塞尔也在 1986 年赢得了诺贝尔和平奖。

欧洲分裂、冷战与非殖民化

有关"二战"后历史的最好最全面（960 页）的描述则是托尼·朱特（Tony Judt）的《战后：1945 年以来的欧洲史》（*Postwar : A History of Europe Since 1945*，2006），他是普利策奖的最终入围者。沃尔特·拉斐伯（Walter Lafeber）的《1945—1992 年的美国、俄罗斯和冷战》（*America, Russia and the Cold War, 1945—1992*，麦格劳·希尔，1993）描述了美苏之间冷战冲突的起源和发展史，其中重点聚焦于欧洲。德里克·厄温（Derek Urwin）所著的《1945

年以来西欧的政治史》（*A Political History of Western Europe since 1945*，朗曼，1997）描述了西欧政治史。

欧洲联盟——欧洲的统一市场与自由

《欧洲一体化：简明历史》（*European Integration: A Concise History*，罗曼和利特菲尔德，2011）中，马克·吉尔伯特（Mark Gilbert）简述了欧盟历史。道格拉斯·布林克利（Douglas Brinkley）和克利福德·哈克特（Clifford Hackett）主编的《让·莫内与欧洲统一之路》（*Jean Monnet and the Path to European Unity*，帕尔格雷夫，1992）论述了欧洲共同市场的形成。T. R. Reid 在《欧洲合众国：新的超级大国和美国霸权的终结》（*The United States of Europe: The New Superpower and the End of American Supremacy*，Penguin，2004）中以一名记者的身份对欧洲成就和前景进行描述。欧盟官方网站 http://europa.eu 上也有很多有用的信息。

作者介绍

大卫·S.梅森（David S. Mason）是印第安纳波利斯巴特勒大学政治学名誉教授。他拥有康奈尔大学政治和俄语学士学位，约翰·霍普金斯高级国际研究学院国际关系硕士学位，印第安纳大学政治学博士学位和俄罗斯及东欧研究证书。梅森教授著有六本关于欧洲政治和历史的书，最近的一本书是《美国世纪的终结》（*The End of the American Century*）。除了国际、欧洲和俄罗斯政治课程外，他还教授和协调巴特勒全球研究课程体系中的核心课程，其中包括一个现代欧洲的课程。

让人欲说还休的 200 年

——《现代欧洲 200 年》出版后记

　　细想起来，从法国大革命在 1789 年爆发到现在，也才 200 多年——可是，在这 200 多年中发生了多少大事件啊——举凡那些对现代世界有重大影响的划时代事件无不是发生在欧洲；当然，这些划时代事件并不全是"好"的，比如，两次世界大战的残酷以及随之而来的无尽的影响……

　　自文艺复兴以降，欧洲就一直在文化及艺术领域领导着世界的潮流；1789 年以后，这块土地更成为各种理论和思潮的试验场和演练地；工业革命以后，科学和技术的发明和创新也来自这一大陆（晚近的美国很快加入了科技这一新领域的竞争）。也许是这样的过分的自信导致了最后的疯狂——两次世界大战的狂澜不仅给全世界带来了从未有过的创伤和破坏，也让这些欧洲帝国主义国家丧失了自己全部的海外殖民地——欧洲重新恢复到那个"与世无争、小家碧玉"式的田园牧歌般的旧日景象。这让我们局外人漫步在欧洲的旧街小巷或乡村农舍中并感叹他们的美学景观和环境意识的同时，不得不又加上这样的评论："早知现在，何必当初"呢？

　　这本书就是回答这样的问题，旧时代的欧洲何以走到当今的这个模样？一切当代史都是从过去的传统和历史中活生生地"生长"出来的；同时，由于欧洲的历史对世界的影响如此之大，那么我们可以说，欧洲现代史也就是世界现代史。尤其地，正如本书的献词所表达的那样，本书是写给"那些意欲通过了解过去从而创建更美好未来的人"的，那么这本书的现实意义也就不言自喻了。

本书是写给大学生的一般欧洲现代史入门读物，现在的版本是第四版，说明着它受欢迎的程度和可读性的持续热度。在仔细通读本书电子译稿的过程中，笔者发现本书语言言简意赅、激情饱满，立论高远持中，下笔切中要害，委实是一本了解欧洲现代史的优秀入门读物。其中介绍欧洲这200年来发生的科学理论的阐述尤其给笔者留下深刻印象——是的，诸如达尔文进化论、马克思主义以及弗洛伊德的精神分析可能给人类世界的深层影响力更加持久和不可磨灭，更不用说工业革命给人们现代生活施加的无所不在的烙印了。

也是大约创作于200年前的贝多芬合唱交响曲中振聋发聩的大合唱宣示着"所有人都将成为兄弟"并许诺给芸芸众生以无往不利的"欢乐"；如今，欧盟的盟歌也是以这无词的《欢乐颂》作为其代言的音乐。千百年来，人类孜孜以求的就是这相互的理解和共同的"欢乐"；从某种意义上说，现代欧洲这200年的历史就是人类寻求互相理解并不断误解的尝试和挫折。而今，更大型的跨国界组织——欧盟又在探寻着新的理解与合作，并在欧洲这片土地上上演着不同文化、种族和信仰的相互理解和信任，以及宽容的限度和底线的适应性等困扰着人类的新一轮纠结问题。但愿他们能成功并为其他地方的人们提供一份范例——就像以前他们提供的或成功或不成功的范例一样。

17 世纪的荷兰大哲学家斯宾诺莎曾表达过这样的意思，"不要谩骂和指责，而要试图理解"（大意如此）；这本书也许就是我们试图理解那一段欧洲历史的尝试。毕竟，那一段历史对我们现在的生活施加了如此摆脱不掉的影响力。这是我们继推出《世界文明 5000 年》《大英帝国 3000 年》《世界钱币 2000 年》后的又一部宏观大历史入门著作，代表着我们向离我们越来越近的历史的一种探索和快速回溯的尝试。

本书策划人　申明

2021 年 8 月 9 日